D1722663

Bernd M. Samland

Unverwechselbar

Name, Claim und Marke

Strategien zur Entwicklung erfolgreicher Markennamen und Claims
Fallbeispiele, Tipps und Erläuterungen aus der Praxis

Haufe Mediengruppe
Freiburg · Berlin · München

Bibliografische Information der deutschen Bibliothek
Die Deutsche Bibliothek verzeichnet diese Publikation in der Deutschen Nationalbibliografie; detaillierte bibliografische Daten sind im Internet über http://dnb.ddb.de abrufbar.

ISBN 3-448-07256-7
Ab 1.1.07: 978-3-448-07256-3

Bestell-Nr. 00055-0001

Postanschrift: Postfach, 82142 Planegg
Hausanschrift: Fraunhoferstraße 5, 82152 Planegg
Tel.: (089) 89517-0, Telefax: (089) 89517-250
Internet: www.haufe.de
E-Mail: online@haufe.de
Redaktion: Ulrike Rudolph
Lektorat: Stephan Kilian

Umschlaggestaltung: Grafikhaus, 80469 München
Satz/Layout: S6-media gmbH, 82166 Gräfelfing
Druck: J. P. Himmer GmbH & Co. KG, 86167 Augsburg

Zur Herstellung der Bücher wird nur alterungsbeständiges Papier verwendet.

Inhalt

Vorwort

„Namen sind Schall und Rauch" ist wohl eines der am häufigsten verfälschten Zitate. Goethe war sicherlich ein literarisches Genie, aber als Marketinglehrer taugte er nur bedingt. Denn gute Namen sind in der Markenwelt inzwischen ein teures und knappes Gut, das maßgeblich über Erfolg und Misserfolg eines Produktes entscheidet. Zu Goethes Ehrenrettung sei angemerkt, dass er den Begriff „Name" in Dr. Faustens Dialog mit Margarete nur als Synonym für „Wort" benutzt hat, denn im Original heißt es:

„... Nenn's Glück! Herz! Gott
Ich habe keinen Namen
Dafür! Gefühl ist alles;
Name ist Schall und Rauch,
Umnebelnd Himmelsglut ..."

Über 25 Millionen Markennamen sind weltweit registriert. Zwar sind diese nicht alle gleichzeitig auf allen Märkten und für alle Zielgruppen präsent, aber allein in einem einzigen großen, deutschen Kaufhaus buhlen über 60.000 verschiedene Markennamen um die Aufmerksamkeit der Konsumenten.

Diese Zahl wirkt umso mächtiger, je deutlicher man sich bewusst macht, dass der aktive Wortschatz eines Menschen maximal 6.000 Wörter umfasst, im Durchschnitt sogar nur weniger als 3.000. Dabei ist es doch das Ziel eines jeden Markenartiklers, seine Namen in den aktiven Wortschatz seiner Zielgruppe einzubringen. Damit das gelingt, sind ganz besondere Anforderungen an die Qualität von Markennamen zu stellen.

Wirklich gute, neue Markennamen bilden jedoch leider die Ausnahme. Ein Grund hierfür mag die erstaunliche Tatsache sein, dass es bisher keinerlei praxisorientierte Literatur zu der schlichten Frage gibt: „Wie entwickele ich einen guten Markennamen?" Das vorliegende Buch soll diese Lücke schließen. Es fasst die Erfahrungen aus eineinhalb Jahrzehnten praktischer Arbeit in einer der großen europäischen Agenturen für Namensentwicklung zusammen.

„Namefinding, Naming und Claiming": Der Inhalt dieser tatsächlichen und konstruierten Anglizismen lässt sich ein wenig deutscher und vielleicht auch deutlicher unter dem Oberbegriff „Benennungsmarketing" zusammenfassen, eine verhältnismäßig junge Disziplin. Die Praxis lehrt, dass bei der Namensentwicklung ebenso wie bei dem Einsatz von Claims und Werbesprüchen häufig die gleichen Fehler gemacht werden, und zwar bei klassischen Marken und Markensystemen ebenso wie bei jungen Marken. Dieses Buch zeigt, wo die Fallen liegen und wie man sie umgeht.

Markennamen

Attraktivität beginnt beim Namen

Personennamen

Warum Hubert selten sexy klingt

Horst Köhler ist ein prima Name, um damit zum Bundespräsidenten gewählt zu werden, aber ein weniger guter Name, um damit als Musiker Erfolg zu haben. Insofern war es richtig, dass der Schlagersänger Horst Köhler aus Trier seinen bürgerlichen Namen hintanstellte und als GUILDO HORN in den neunziger Jahren die Bühnen stürmte.

Namen sind also mit entscheidend für den Erfolg einer Person. Um dieses Phänomen genauer zu untersuchen, haben Wissenschaftler des Massachusetts Institute of Technology (MIT) 24 Personenfotos mit Namen auf einer Webseite veröffentlicht (ein Experiment unter Leitung von Amy Perfors, MIT 2004). Die Internet-Nutzer konnten anhand einer Skala von eins bis zehn die Attraktivität der abgebildeten Personen bewerten. Nach einiger Zeit wurden dieselben Fotos jeweils mit einem anderen Namen versehen und noch einmal zur Bewertung freigegeben. Als Ergebnis dieses Experiments stellte sich heraus, dass sich mit der Veränderung der Namen auch die Einschätzung der Attraktivität geändert hatte. Für Männer erwiesen sich Namen mit kurzen, hellen Vokalen wie „e" oder „i", zum Beispiel in *Kevin* oder *Ben,* als vorteilhaft. Namen mit runden Vokalen wie „u", zum Beispiel in *Hubert* oder *Humphrey,* kamen deutlich weniger gut an.

Ähnliche Ergebnisse offenbarte ein Test mit Deutschlehrern, denen Aufsätze mit fiktiven und unterschiedlichen Schülernamen zur Bewertung vorgelegt wurden.

Aufsätze mit offensichtlich weniger attraktiven Namen wurden im Durchschnitt ein bis zwei Noten schlechter bewertet als die gleichen Aufsätze mit attraktiveren Namen.

Weniger attraktiv wurden hier zum einen Doppelnamen eingestuft: *Hans-Jürgen* verliert deutlich gegenüber *David* oder *Frank*; zum anderen unharmonische Kombinationen von Vor- und Nachnamen, das heißt *Chantal-Sarah Müller* wurde deutlich schlechter bewertet als *Heike Müller.*

Produktnamen
Warum der Name Grundbaustein jeder Marke ist

Die Erkenntnisse aus dem vorherigen Kapitel lassen sich von Menschen unmittelbar auf Marken und Produkte übertragen. Das gleiche Produkt kann mit verschiedenen Namen ganz unterschiedliche Reaktionen erzeugen. So kamen zum Beispiel T-Shirts unter dem Namen RALPH LIPSHITZ schlecht an und wurden kaum verkauft. Da änderte der betreffende Modedesigner seinen Namen und den seines Labels in RALPH LAUREN. Die gleichen Produkte verkauften sich unter dem neuen Namen auf einmal erheblich besser.

Aussagekräftige Untersuchungen zu der Wirkung von Produktnamen im Vergleich zu anderen lassen sich wirklich unabhängig nur im Laborversuch durchführen. Denn eine Marktforschung, die sich beispielsweise mit der Frage befasst: „Hätten Sie dieses Produkt auch gekauft, wenn es einen andern Namen getragen hätte", ist zu hypothetisch, um darauf valide Erkenntnisse zu gründen.

Ein solcher Laborversuch wurde bei der Agentur Endmark in Köln im Jahr 2005 durchgeführt. Dazu wurde ein und dasselbe Tafelwasser in jeweils drei gleich aussehende, transparente Glasflaschen gefüllt und mit unterschiedlichen Etiketten versehen. Eine Flasche wurde mit dem Namen MISOKI beschriftet, die zweite mit dem Namen QLARA und die dritte mit GUTENFELS.

Mit Hilfe von Multiple-Choice-Vorgaben wurden Geschmackstendenzen bei zirka 50 Probanden abgefragt. Dabei schmeckte die Mehrheit der Befragten aus ein und demselben Wasser – je nach Beschriftung – erstaunliche Unterschiede heraus: Dem Inhalt der mit MISOKI beschrifteten Flaschen wurde mehrheitlich „eine leichte Note von japanischen Kirschblüten" zugeschrieben, dem Namen QLARA wurde ein „von sämtlichen Geschmacksnuancen neutralisiertes" Wasser bescheinigt und beim Inhalt der Flaschen, die mit GUTENFELS bezeichnet worden waren, wurde ein „hohen Anteil von gesunden Mineralien" konstatiert.

Als einfache Schlussfolgerung ließe sich das bekannte Phänomen „Das Auge isst mit" um die Erkenntnis „das Ohr isst auch mit" erweitern. Namen beeinflussen unsere Empfindungen erheblich.

Im Namen des Volkes

Dass Namen für Produkte eine entscheidende Rolle spielen, sieht man auch an der Tatsache, dass besonders beliebte Produkte, für die der Hersteller keinen richtigen Namen vorgesehen hat, vom so genannten Volksmund getauft werden. Das ist ein ebenso altes wie internationales Phänomen. Da Henry Ford seinem ersten Massenerfolgsmodel nicht nur keine andere Farbe als Schwarz geben wollte, sondern auch keinen anderem Namen als nur den Buchstaben „T“, nannte es die Bevölkerung bald liebevoll TIN LIZZY. Ähnliches passierte nur wenige Zeit später dem HANOMAG 2/10, der im Deutschland der zwanziger Jahre seiner Form wegen HANOMAG KOMISSBROT genannt wurde, oder dem Opel 4/12, der wegen seiner Standardfarbe grün den Rufnamen OPEL LAUBFROSCH erhielt.

Die ENTE als Bezeichnung für den Citroën 2CV stammt übrigens ursprünglich aus den Niederlanden, wo der Wagen „lelijk eendje“ (= hässliches Entlein) genannt wurde und auch etwas eher auf dem Markt war als in Deutschland. Das bekannteste Beispiel bleibt wohl der VW KÄFER, der werksseitig lediglich Typ 1 VW 1200 Standard oder Export bzw. später 1300, 1302 etc. hieß. Erst 1967, fast 30 Jahre nach ihrer Entstehung, nutzte der Hersteller die Bezeichnung Käfer erstmals in einer Anzeigenkampagne. Am Fahrzeug selbst oder in seinen Papieren tauchte dieser Name aber weiterhin nicht auf. Erst Jahrzehnte später brachte Volkswagen – auch in Deutschland – einen Wagen mit der offiziellen Bezeichnung New Beetle auf den Markt.

Namen in der Politik
Warum Riester-Rente attraktiver wirkt als Zusatzrente

Was für Personen und Produkte gilt, gilt auch in der Politik. Kennen Sie Hartz IV oder die Riester-Rente? Was sagt Ihnen die Agenda 2010? Auch Politik ist letztlich ein Produkt, das an den Mann oder die Frau gebracht werden will und daher namentliche Etiketten braucht. An sich ist das nicht neu: Das lange Zeit wohl berühmteste Berliner Bauwerk hieß – je nach ideologischem Blickwinkel – entweder „die Mauer“ oder „Antifaschistischer Schutzwall“. Auch personenbezogene Labels gab es schon immer, denken wir an den Marshall-Plan, die Bismarckschen Sozialgesetze oder gar den Hitler-Stalin-Pakt.

Mit wenigen Ausnahmen wurden derartige Bezeichnungen allerdings entweder erst posthum oder von dritter Seite, das heißt durch die Presse und den Volksmund initiiert. So gab es Anfang der sechziger Jahre den so genannten „Wuermeling-Schein“ für Kinderreiche. Eine Vergünstigung, die es Mitgliedern aus Familien mit drei oder mehr Kindern erlaubte, zum halben Preis mit der Deutschen Bundesbahn zu reisen. Benannt wurde dieser Schein nach seinem Initiator, dem damaligen Familienminister Franz-Josef Wuermeling.

Allerdings war in offiziellen Verlautbarungen des Ministeriums nie von einem „Wuermeling-Schein“ die Rede. Im Gegensatz dazu initiierten die beiden von Bundeskanzler Gerhard Schröder geführten Bundesregierungen selbst eine ganze Reihe von personenbezogenen Politiknamen in einer Dichte, die bis dahin nicht bekannt war: die Riester-Rente, die Rürup-Kommisson, Hartz I bis IV usw. Das ist ganz besonders praktisch in den Fällen, in denen Kritik an den betreffenden Projekten oder Gesetzen laut wird; denn dann hat man sofort einen Schuldigen – nämlich die Person des Namensgebers.

Eine derartige Strategie kann natürlich auch nach hinten losgehen, wenn beispielsweise einer der Namensgeber – völlig unabhängig von dem Projekt, das seinen Namen trägt, in eine Sex- und Korruptionsaffäre verwickelt wird (wie die Vorgänge um den inzwischen zurückgetretenen Volkswagen-Personalvorstand und Politiknamensgeber Peter Hartz, deutlich gezeigt haben).

Ansonsten dienen Bezeichnungen in der Politik häufig entweder der Verschleierung oder der Aufwertung von Tatbeständen. „Steuervergünstigungsabbaugesetz“ (offiziell: Gesetz zum Abbau von Steuervergünstigungen StVergAbG) klingt natürlich besser als Steueränderungsgesetz. Ein

Meisterstück der sprachlichen Verschleierung bildet auch das „Gesetz zur Förderung der Steuerehrlichkeit", das es staatlichen Behörden erlaubt, auf die Kontodaten seiner Bürger zuzugreifen.

Wortschöpfungen, die keine Gesetze bezeichnen, sondern politische Aktionen, finden in den letzten zehn Jahren eine vermehrte Verbreitung, haben aber kürzere Lebenszyklen. So setzte sich im Jahr 2003 Bundeskanzler Schröder dafür ein, den Begriff „Bündnis für Arbeit" nicht mehr zu verwenden. Mit dem lange Zeit genutzten Namen war kein Erfolg zu verbinden. Der Begriff war verbraucht. So favorisierte der Kanzler nun die Bezeichnung „Allianz für Erneuerung", ein Begriff, der sich mangels entsprechender Unterstützung der Presse auch nicht richtig durchsetzten konnte. Kraftvoller klingt da schon der „Pakt für Deutschland". Allerdings haben derartige Labels traditionell eine geringe „Halbwertzeit", die umso kürzer ist, je austauschbarer und allgemeiner die Worte gewählt werden.

Aus der Bundesanstalt für Arbeit wurde bekanntlich die Bundesagentur für Arbeit. Neben dem Rampenlicht der Presse für diese Behörde wurden eine ganze Reihe von Ämtern und Anstalten zu Agenturen, so dass man geradezu von einer Agentur-Inflation sprechen könnte. So wurde zum Beispiel das Bundesamt für Außenhandelsinformation zur Bundesagentur für Außenwirtschaft und auch zahlreiche Landesbehörden mutierten in den letzten Jahren zu Landesagenturen. Natürlich klingt Agentur moderner, dynamischer und serviceorientierter als Amt, Anstalt oder Institut, dennoch wird gerade durch die Massivität dieser Änderungen der Agenturbegriff an sich eher abgewertet.

Andere Begriffe klingen positiv, funktionieren aber nicht im Sinne der Erfinder. Die „privilegierte Partnerschaft" als Angebot und Option für die Türkei anstelle einer EU-Vollmitgliedschaft konnte sich trotz an sich positiver Aussage nicht als positiv wirkend durchsetzen. Was den Begriff der „privilegierten Partnerschaft" angreifbar macht, ist vor allem die Tatsache, dass er eine wertende Aussage beinhaltet. Neutralen Bezeichnungen, die eigentlich inhaltlich gar nichts aussagen, wie zum Beispiel die Agenda 2010, kann das kaum passieren.

Agenda 2010 klingt natürlich viel besser als beispielsweise „Sozial- und Arbeitsmarktreformpaket". Namen, die nichts aussagen, sind weniger angreifbar, wenn auch schnelllebig, wie das langsame Verschwinden des Begriffes nach der Bundestagswahl 2005 gezeigt hat. Geschickt eingesetzt kann man die Unangreifbarkeit eines derart neutralen Namens auch auf die politischen Projekte übertragen, die sich dahinter verbergen.

Allzu leicht verschwinden Inhalte hinter Begriffen. So wurden im Rahmen der Reformbestrebungen der Sozialversicherungssysteme von Regierung und Opposition zwei Modelle ins Spiel gebracht mit den Bezeichnungen „Bürgerversicherung“ und „Kopfpauschale“. Völlig unabhängig davon, was sich hinter diesen Begriffen verbirgt, bildete die „Kopfpauschale“ die unglücklichere Wortwahl, weil der Begriff einfach negativ klingt. Schließlich wurde mit viel Mühe und mäßigem Erfolg versucht, dieses Konzept in „Prämienmodell“ umzubenennen.

Und wie sieht es mit den politischen Parteien aus? Zwar unterscheiden sich Wahlkämpfe immer weniger von sonstiger Produktwerbung, zumal hier auch die gleichen Marketingmechanismen wirken und deutliche Parallelen zwischen Partei- und Markenbindung erkennbar sind. Für die Wirkung von Parteinamen selbst gelten diese Parallelen aber nur bedingt. Das hängt u. a. mit ihrer langen Tradition zusammen, zumindest was CDU, CSU, FDP und SPD betrifft.

Neue Namen haben es da schwerer, wenngleich auch neue Chancen durch neue Namen entstehen können. DIE GRÜNEN war unter Marketinggesichtspunkten ein optimaler Name. Zum einen wollte die Partei ganz anders sein als die anderen (und ein vollständiger Name war schon einmal ganz anders als die ansonsten gängigen Abkürzungen), zum anderen ist die Farbe GRÜN unabhängig von einer politischen Einordnung per se grundsätzlich positiv besetzt. Diesen Marketingvorteil verspielte diese Partei aber, indem sie sich nach der Deutschen Wiedervereinigung offiziell BÜNDNIS 90 – DIE GRÜNEN nannte. Dieser Name versprüht in seiner Gesamtheit in etwa so viel Charme wie der Political-Correctness-Krampf eines FUSSGÄNGER- UND FUSSGÄNGERINNEN-ÜBERWEGS.

Dass der Name für eine politische Partei existenzbedrohend sein kann, musste die Schill-Partei in Hamburg erfahren. Offiziell trug die Partei den sperrigen Namen Partei Rechtsstaatlicher Offensive, durfte allerdings aus markenrechtlichen Gründen das gewünschte Kürzel PRO nicht führen. Das wiederum führte dazu, dass sowohl die Presse als auch die Parteigänger selbst nur von der Schill-Partei sprachen. Und in dem Moment, in dem der Parteigründer Ronald Schill sich selbst diskreditierte, vollzog sich ein direkter Imagetransfer auf die Partei, die damit ebenfalls in der Bedeutungslosigkeit verschwand.

Namen in Kunst, Kultur und Medien
Warum man für Sex Pistols keinen Waffenschein braucht

Auch Kunst, Kultur und Medien kommen nicht umhin, ihre Produkte mit wirkungsvollen Namen zu kennzeichnen. So kann ein außergewöhnlicher und vielleicht sogar provokanter Name eher Aufmerksamkeit erzeugen als ein reiner Eigenname oder eine beschreibende Bezeichnung. Die Beatles zum Beispiel hätten möglicherweise nicht den gleichen Erfolg gehabt, wenn sie sich McCartney-Combo oder Lennon & Friends genannt hätten.

Das Phänomen, dass Musikgruppen, Kapellen und Bands Namen tragen, die über den des Kapellmeisters oder Bandleaders hinausgehen, gibt es erst, seitdem Radio und Tonträgervermarktung einen überregionalen Massenmarkt für Musik geschaffen haben. Eine der ersten „Musikmarken" in diesem Sinne (nicht zu verwechseln mit der „Hörmarke", einer Form der Registermarke, mit der Melodien und Tonfolgen Markenschutz erlangen können) waren übrigens die Comedian Harmonists. Das namentliche Labeling in Kunst und Kultur ist aber sehr viel älter.

Und es betrifft keineswegs nur die Protagonisten von Kultur- und Subkultur. Letztendlich braucht jedes Buch, jeder Schlager, jede Fernsehsendung und jeder Film einen Titel sowie jeder Artikel eine Überschrift. Sogar Gedichten gibt man gemeinhin einen Titel.

Ein guter Titel macht zwar kein Musikstück besser oder schlechter, aber er kann helfen, Türen zu öffnen. So konnten Musiktitel schon vor der Erfindung des Musikvideos Bilder im Kopf entstehen lassen: Denken wir nur an Johann Strauß und seinen Walzer „An der schönen blauen Donau". Dieser Titel beschreibt eine zur Musik passende Situation, die sich jeder leicht vorstellen und immer wieder abrufen kann, wenn er das Stück hört. Der Titel ist damit sinnvoll gewählt. Dies bedeutet jedoch nicht, dass ein beschreibender Name für alle Musik- und Druckwerke und für alle Musik-, Ballett- und Theatergruppen immer die richtige Wahl ist.

Und auch nicht jeder Name, der beschreibend klingt, ist es tatsächlich. Anderenfalls dürfte man sich die Musiker von Fury in the Slaughterhouse oder auch die Sex Pistols nicht unbedingt in Aktion vorstellen. Ähnlich, wie bei der erstgenannten Musikgruppe keine Pferde geschlachtet werden, wird auch bei einer REPLAY-Jeans nichts zurückgespult und bei MONSTER.DE werden keine Gruselfilme gezeigt (sondern Stellen vermittelt). Insofern gelten für die Namen von Musikern die gleichen Wahrnehmungsregeln wie für die von sonstigen Markenartikeln.

Vom klassischen Titel zur modernen Marke

Auch eine Unterscheidung zwischen Titel und Marke ist heute kaum noch möglich, zumal rein juristisch die meisten (Musik-, TV-, Film-, Buch- und Software-) Titel ohnehin auch als Registermarke eingetragen werden. Selbst die Titel so kurzlebiger Gag-Hits, wie Stefan Raab mit seinem Maschendrahtzaun einen Ende der neunziger Jahre produzierte, sind als Marke registriert; das Gleiche gilt für die Loveparade ebenso wie für zahlreiche Claims und Schlagworte.

So unterschiedlich und individuell Anwendungen, Anforderungen und Einsatzgebiete von Markennamen, Medientiteln, Claims oder sonstigen kommerziell und politisch genutzten Bezeichnungen auch sein mögen, es gibt mehr Gemeinsamkeiten, als man zunächst denken mag.

Ein bewusst provozierter Marken-Fauxpas war übrigens die Änderung des Namens des amerikanischen Sängers Prince in ein unaussprechliches Symbol. Unter dem „Symbol-Namen" verkaufte er nicht nur viel weniger Tonträger, sondern wurde auch kaum mehr öffentlich gespielt.

Bilder oder Namen? Warum kein Bild mehr sagt als tausend Worte

Die Tatsache, dass wir alle Namen tragen, hilft bekanntlich anderen, uns zu identifizieren. Reine Beschreibungen würden zu Verwechslungen führen und auch schnell veralten, wenn etwa aus dem „blonden, schlanken Mädchen" eine „brünette, dralle Frau" wird. Ganz ähnlich verhält es sich mit Produkt- und Markennamen. Die Bezeichnung „Blue Jeans" würde nicht ausreichen, um für ein bestimmtes Produkt zu werben, denn die Namen – ob LEVIS, WRANGLER, MUSTANG oder andere – machen den wesentlichen Unterschied, ähnlich wie RALPH LAUREN und TOMMY HILFIGER.

Nun wissen wir alle, dass unser Markenbild von vielen Faktoren geprägt wird. Von diesen bleibt der Name der wichtigste; denn Logos, Farben, Claims und Kampagnen lassen sich ändern – ändert man aber den Namen, vernichtet man die Marke. Damit wären alle Investitionen, die bis dahin in diese Marke geflossen sind, für die Zukunft umsonst gewesen.

Aber sagt nicht ein Bild mehr als tausend Worte? Wir alle haben diesen Spruch schon gehört, und ähnlich wie das eingangs erwähnte Goethe-Zitat ist auch dieser Sinnspruch unwahr! Das Original stammt übrigens von Konfuzius, der einmal sinngemäß sagte: *„Ein Bild ist soviel wert wie tausend Stücke Gold."* Allein die Tatsache, dass dieser Spruch zweitausendfünfhundert Jahre überdauert hat, sagt uns etwas über die Kraft der Worte.

Ohne die emotionale Bedeutung von Bildern, Zeichen und Farben in irgendeiner Weise schmälern zu wollen, bleiben Worte und Namen die prägendsten Elemente der Kommunikation. Sie wirken schneller, intensiver und länger als Bilder. *Cäsar, Hannibal* und *Napoleon* haben jeder für sich Zeichen und Wappen geführt. Bis auf wenige Historiker kennt diese heute allerdings kein Mensch mehr, während die Namen *Cäsar, Hannibal* und *Napoleon* fast jedem präsent sind. Woran liegt das?

Unser Gehirn benötigt im Durchschnitt vierzig Millisekunden weniger, um ein gesprochenes Wort zu erfassen als ein einfaches Bild. Gehörtes wird auch länger gespeichert als Gesehenes (vgl. Jack Trout, Der Geist und das Greenhorn. Die wundersame Verwandlung eines Erbsenzählers zum Marketing-Genie, München 2002, Seite 95).

Im Falle der Schriftsprache ist es für einen alphabetisierten Menschen – vereinfacht ausgedrückt – so, dass ein zu lesendes Wort von einem Teil des Gehirns dem anderen „vorgelesen" wird (wie wir es vom Lautlesen der Kinder kennen). Somit verhält es sich mit einem gelesenen Wort ähnlich wie mit einem gehörten, was die Gedächtnisleistung betrifft. Namen, die wir einmal gelernt haben, prägen unser Bild von einer Person oder Sache sehr tief und für lange Zeit, besonders dann, wenn die betreffenden Namen nicht zu häufig genutzt werden. Das gilt für Personennamen genauso wie für Markennamen.

Dazu eine kurzer Erfahrungsbericht des Autors:

> *In meiner ersten Grundschulklasse gab es ein besonders unansehnliches, dickes Mädchen, das zudem immer schlecht roch und besonders aufdringlich war. Dieses Mädchen trug den damals schon nicht mehr sehr gebräuchlichen Namen „Edeltraut“. Obwohl mir das Mädchen nichts getan hat, ich es über Jahrzehnte nicht mehr gesehen habe und es sich vielleicht sogar in der Pubertät in eine attraktive junge Frau verwandelt hat, ist bei mir der Name „Edeltraut“ ein für alle Mal negativ besetzt.*
>
> *Etwa zur gleichen Zeit fuhr ein Nachbar das schönste Auto der ganzen Siedlung, in der ich aufwuchs. Dort prägten VW-Käfer und Opel Kadetts das Straßenbild; soziale Aufsteiger fuhren Opel Rekord oder Ford 17M und einige sogar Mercedes. Der Nachbar fuhr aber ein silberfarbenes Cabriolet, einen Renault Caravelle. Seitdem hat der Name „Caravelle“ für mich etwas Mystisches und steht uneingeschränkt für Schönheit und Sportlichkeit. Nur eine Edeltraut in einer Caravelle könnte dieses Bild ins Wanken bringen.*

Zwischenfazit

Die vorangegangenen Kapitel haben gezeigt: Namen sind wichtig, egal ob sie eine Person, eine Ware oder eine Dienstleistung kennzeichnen. Namen beeinflussen unsere Wahrnehmung von Dingen, Personen und Sachverhalten. Das gilt für den privaten Bereich ebenso wie für Wirtschaft, Politik, Kunst und Kultur. Sofern rechtlich möglich, lässt sich zwar jeder beliebige Name als Marke oder Titel nutzen, allerdings kosten weniger optimale Namen Marktchancen und erfordern einen wesentlich höheren Kommunikationsaufwand, um den gleichen Markterfolg zu erreichen wie gute Namen.

Bei der Wahl des Namens sollte man also sehr bedacht vorgehen. Wodurch sich gute von schlechten Namen unterscheiden, wie man Flops und Gefahren bei der Namenswahl vermeidet und welches die zwölf häufigsten Fehler sind, die bei Entwicklung und Einsatz von Markennamen und Medientiteln gemacht werden, wird in den nun folgenden Kapiteln mit leicht nachvollziehbaren Beispielen aus der Praxis geschildert.

Die 12 häufigsten Fehler bei der Namenswahl

Fehlerquelle 1: Zahlen und Abkürzungen als Namen oder: Wenn man krankes Rinderhirn isst, bekommt man dann BASF?

Ein Name verleiht nicht nur einer Person, sondern auch einer Marke „Persönlichkeit". Diese kann aufgebaut, verändert oder eben auch zerstört werden. Produkte ohne richtige Namen können in der Regel weniger Persönlichkeit entfalten. Das passiert, wenn man dem Produkt zum Beispiel lediglich eine Nummer gibt. Die Automodelle von Peugeot der Jahrgänge 2005 und 2006 heißen beispielsweise: 207, 207 CC, 207 SW, 407, 4007, 2007, 807, 608, 208, 308CC, 308 SW und 3008; eine Kollektion, die eine große deutsche Autozeitschrift treffend mit „Nummernsalat" betitelte (Auto-Bild Nr. 3 v. 21.01.2005, Seite 76 ff.).

Etwas mehr Persönlichkeit kann sich bei über viele Jahre hinweg gelernten und verständlich aufgebauten Zahlensystemen entwickeln. Ein Beispiel sind die 3er-, 5er- und 7er-Reihen von BMW. Allerdings werden mit dieser Art von Bezeichnungen auch Chancen vergeben, besonders dann, wenn ein völlig neuartiges Produkt auf den Markt kommt. Bleiben wir bei den Bayerischen Motorenwerken: Im Abstand von 45 Jahren brachten diese zwei – für ihre Zeit völlig neuartige – Produkte in den Handel.

Bei dem ersten 1955 handelte es sich um einen Kleinstwagen, der die Tür auf der Vorderseite hatte. Es war die ISETTA, ein Name, der noch heute, über 40 Jahre nach dem Verschwinden aus dem Programm, jedem Autointeressierten ein Begriff ist.

Im Jahr 2000 kam BMW wiederum mit einer absoluten Innovation auf den Markt: ein Motorroller mit Dach. Dieses bereits vier Jahre später wieder eingestellte Fahrzeug trug den Namen C1. Ob diese Abkürzung jemals einen ähnlichen Kultstatus erreichen kann wie ISETTA, darf – unabhängig von der Popularität des Produktes selbst – stark bezweifelt werden.

Eine ähnliche Chance auf einen „Jahrhundertnamen" hat jüngst das Airbus-Konsortium vergeben, indem es das neue, größte Passagierflugzeug der Welt lediglich Airbus A 380 genannt hat. So spektakulär das Flugzeug auch sein mag, sein Name wird nur schwer an den Bekanntheitsgrad des bereits

1969 eingeführten JUMBOJETS (Boing 747) heranreichen, weil Zahlen allein kaum eine Produktpersönlichkeit prägen können. Auch das direkte Konkurrenzmodell DREAMLINER (Boing 787) wirkt namentlich attraktiver. Vielleicht hilft in diesem Fall ja später der Volksmund weiter, indem er sich nach der Inbetriebnahme, ähnlich wie beim KÄFER oder BEETLE, einen Spitznamen einfallen lässt.

Reine Zahlen mit oder ohne Verbindungen zu Buchstaben wirken in den meisten Fällen uncharmant. Sie machen es schwer, eine (Marken-)Persönlichkeit darzustellen und langfristige Eindrücke zu hinterlassen. Übertragen wir einmal diese Wahrnehmungseigenschaften auf einen Film, der sehr vielen Menschen bekannt ist: Alle, die jemals den Film STAR WARS gesehen haben, werden sich an den goldenen Roboter erinnern, aber nur Freaks werden noch seinen Namen kennen. Er hat nämlich keinen „richtigen" Namen, er heißt schlicht: C-3PO.

Vom Militär lernen – heißt nicht immer siegen lernen

UMTS, ISDN, DSL und T-DSL: Allein im Bereich Telekommunikation kursieren über einhundert verschiedene Abkürzungen, und das nicht etwa als Fachsprache unter Technikern und Ingenieuren, sondern diese Zahl stammt aus einer einfachen Analyse von sechs verschiedenen Broschüren, die der Information der Endverbraucher dienen sollen. Was ist davon Marke, was ist Gattungsbezeichnung und vor allem: Was bedeutet das?

Abkürzungen verdanken wir historisch dem Militär, und wer einmal dort war, weiß auch heute noch, was ein MG, ein G3 und ein Uffz ist. Der militärische Grund für die Nutzung von Abkürzungen – übrigens in allen Armeen – liegt in der Effizienz: so kurz und knapp und damit auch so schnell wie möglich zu kommunizieren. Das setzt aber voraus, dass der Abkürzungs-Code von allen beteiligten Kommunikationspartnern gelernt worden ist. Und eben mit dieser Notwendigkeit des Lernens ist der gemeine Konsument heute oftmals überfordert.

Verschiedene empirische Untersuchungen haben gezeigt, dass Namen in jedem Fall besser gemerkt werden können als Abkürzungen aus Buchstaben, Zahlen oder Mischformen. Eine Ausnahme bilden Abkürzungen in Form von Akronymen wie etwa HARIBO (für Hans Riegel Bonn) oder ADIDAS (für Adi – Adolf – Dassler). In ganz seltenen Fällen lässt sich aus einer Abkürzung ein richtiges Wort bilden, das im Idealfall auch noch zum Inhalt der Marke passt, wie bei den „Altenburger und Stralsunder Spielkarten-Fabriken", die seit vielen Jahren unter der Marke ASS firmieren. Eine Marke, die sogar Einfluss auf die neue deutsche Rechtschreibung genommen hat, nach der die höchste Spielkarte nicht mehr „As", sondern nun „Ass" geschrieben werden soll.

Abgesehen von den sprachlichen Aspekten kommt es beim Einsatz von Akronymen auch immer auf die „namentliche Umgebung" an. Das Akronym FIFA (für „Fédération Internationale de Football Association") wirkt natürlich aufgesetzt, wenn anlässlich der Fußballweltmeisterschaft immer nur „FIFA-WM" kommuniziert werden soll. Das ist wichtig für Sponsor- und Werbeverträge, weil weder das Wort „Weltmeisterschaft" noch die Buchstaben „WM" geschützt werden können – FIFA-WM hingegen schon. Dennoch ist es unwahrscheinlich, dass diese Kürzel-Kombination von der Bevölkerung mit Begeisterung angenommen werden wird.

Voraussetzung für die positive Wirkung von Akronymen bleibt allerdings ihre Sprechbarkeit in den jeweils relevanten Sprachräumen. So bereitet das Akronym REWE (ursprünglich für „Revisionsverband West") für den deutschen Kunden kein Problem. In der englisch dominierten, internationalen „Financial Community" hört man aber zuweilen von einem Konzern mit dem gesprochenen Namen RU oder RUI, womit dann REWE gemeint ist.

Keine GEZ für GZSZ

Oftmals entstehen Abkürzungen in Fachwelten oder bestimmten Subkulturen und kleinen Kreisen, in denen sie auch Sinn machen – sofern jeder weiß, was gemeint ist. Wenn aber diese Abkürzungen in eine breite Öffentlichkeit schwappen, teilen sie ihre Zielgruppen in Eingeweihte und Ahnungslose, was für Markenartikler nicht immer sinnvoll ist.

So weiß der medial interessierte Teenager, dass GZSZ für den Titel einer Daily Soap steht und zwar für „Gute Zeiten, schlechte Zeiten". Für seine Eltern sind das unter Umständen böhmische Dörfer, die kennen gerade mal die GEZ, was wiederum für „Gebühren-Einzugs-Zentrale" steht.

Abkürzungen – Aus Erfahrung gut?

Abkürzungen haben natürlich einen praktischen Wert; denn BASF lässt sich nun mal einfacher schreiben und sprechen als „Badische Anilin- und

Soda Fabrik", zumal das Unternehmen gar nicht mehr in Baden beheimatet ist und derzeit weder Anilin och Soda herstellt. Manchmal lassen sich aus alten Abkürzungen sogar neue Inhalte ableiten. So wurde aus der „Allgemeinen Elektrizitäts-Gesellschaft" AEG der – inzwischen auch schon alte, aber immer noch bekannte – Slogan „Aus Erfahrung gut".

Hinter den „gut funktionierenden" Abkürzungen in der internationalen Markenwelt – wie etwa BMW, IBM oder ITT – stehen allerdings seit vielen Jahrzehnten riesige Unternehmen. Erst die lange Omnipräsenz dieser Marken hat es ermöglicht, dass heute fast jeder sie kennt. Nicht jedem Unternehmen steht jedoch der Werbeetat eines internationalen Großkonzerns zur Verfügung. Und kaum ein Existenzgründer kann es sich erlauben Jahrzehnte zu warten, bis sich eine von Hause aus eher unscheinbare Abkürzung zu einer schlagkräftigen, bekannten Marke entwickelt hat.

Abkürzungen haben aber noch einen anderen Nachteil. Genau wie bei den Akronymen werden auch viele „normale" Abkürzungen in jeder Sprache anders ausgesprochen. Wenn Janis Joplin singt *„Oh Lord, won´t you buy me a Mercedes Benz …"*, versteht man trotz der amerikanischen Aussprache auf Anhieb auf der ganzen Welt, welches Auto gemeint ist – hätte sie sich in diesem Lied einen BMW gewünscht, wäre das nicht ganz so einfach gewesen.

Abkürzungen bergen im Zeitalter der Globalisierung noch eine weitere Gefahr: In jeder Landessprache wie auch in verschiedenen Fachsprachen kann die gleiche Abkürzung völlig unterschiedliche Bedeutungen haben. Allein für den bekannten Markennamen BP lassen sich auf Anhieb über 50 unterschiedliche Bedeutungen finden, von „British Petroleum" über „Boîte Postale" bis hin zu „Bachelor of Pharmacy".

Und in der Werbekampagne des Jahres 2005 präsentiert sich BP selbst als „Beyond Petroleum".

Kapitelfazit:

- **Zahlen und Abkürzungen als (neue) Markennamen sind missverständlich, uncharmant und garantieren niemals eine Alleinstellung.**

Fehlerquelle 2: Technische Begriffe als Namen oder: Wie scheinbar moderne Namen morgen schon von gestern sind

Technik faszinierte schon immer, und technische Begriffe fanden bereits früh Eingang in Firmen- und Markennamen. Allerdings entwickelte sich der technische Fortschritt zunächst sehr langsam. So fiel es zunächst gar nicht auf, wenn unter der Flotte der Donau-Dampfschifffahrtsgesellschaft auch dieselgetriebene Schiffe fuhren. In dem Fall war das auch nicht so relevant und hat aus heutiger Sicht eher eine positiv-nostalgische Wirkung.

Heute allerdings nimmt die „Halbwertzeit" technologischer Innovationen ständig ab. Namen, die eine besondere Technik-Affinität aufweisen, können schnell zum Bumerang werden. So wurden in den achtziger Jahren des letzten Jahrhunderts zahlreiche FAX-Namen (wie FILOFAX und TelDaFax etc.) ins Leben gerufen, die heute nicht mehr aktuell sind und höchstens noch für eine ganz bestimmte, kurze Epoche stehen. (Wie lange werden wir noch Faxgeräte benutzen?)

Die DigiComTec AGs und E-LinkProducts

Technik veraltet heute nicht nur schneller, sie kann auch selten für eine einzige Marke allein vereinnahmt werden, was dazu geführt hat, dass wir heute allein in Deutschland tausende von DIGI–Marken und DIGI-Firmennamen haben, die alle darauf hinweisen wollen, dass sie mit digitaler Technik arbeiten. Allerdings sind technische Firmen, die heute gar nichts mit digitaler Technik zu tun haben, in etwa so häufig wie Eisdielen in Grönland (denn ein PC steht doch wohl in fast jeder Firma).

Einer der weltweit marktführenden Internetversandhändler für Musik war Anfang des Jahrtausends ein amerikanischer Anbieter mit Namen CD-NOW. Heute spielt er nicht mehr so weit vorne mit. Vielleicht hätte sich das Unternehmen „CD-NOW-MP3-TOMORROW" nennen sollen?

Oftmals wird bei der Einführung einer Marke nicht daran gedacht, dass sich das Produkt- oder Dienstleistungsspektrum ebenso ändern kann wie die Technik. Wenn also KABEL DEUTSCHLAND „*Wireless*-LAN-Angebote" ins Programm nehmen möchte, wirkt das nicht gerade so, also würde dies zur Kernkompetenz des Unternehmens zählen.

Kapitelfazit:

- **Technische Begriffe und Terminologien eignen sich nur selten als Markennamen, da sie schnell veralten und die weitere Entwicklung einengen.**

Fehlerquelle 3: Eigennamen oder: Warum Ihr guter Name nicht immer gut genug ist

Aus der Gründerzeit kennen wir fast nur Familiennamen – zunächst als Firmennamen und später als Marken. Hinter SIEMENS, BOSCH, BERTELSMANN, KRUPP, OPEL, KARSTADT und vielen anderen standen jeweils namentlich bestimmte Personen. Diese Strategie kann bei einer Neugründung heute längst nicht mehr uneingeschränkt empfohlen werden.

Bei weit verbreiteten Namen wie Schmidt, Meier, Schulze oder Schröder ist es sehr wahrscheinlich, dass man Alleinstellungsprobleme bekommt. Anders sieht es allerdings mit besonders originellen und seltenen Nachnamen wie SIXT oder MAGGI aus.

Auch wenn man bereits eine gewisse Prominenz und einen guten Ruf besitzt, kann die Nutzung des eigenen Namens als Firmenname durchaus erwogen werden. Das gilt für die Nutzung von allgemein bekannten Namen, wie etwa im Falle von Max Schmeling, der seinen Getränkevertrieb „Getränke-Industrie Hamburg MAX SCHMELING" nannte. Es gilt aber auch für hauptsächlich branchenintern bekannte Namen. So ist es durchaus sinnvoll, wenn der Regisseur Wim Wenders seine Produktionsfirma WIM WENDERS PRODUCTIONS nennt. Ein anderes – und hier nur kurz zu streifendes – Thema sind Lizenzmarken, bei denen man entweder dafür zahlt, einen berühmten Namen zu nutzen, oder umgekehrt seinen berühmten Namen zum Beispiel für Kosmetika oder Mode hergibt. Hier gelten andere Spielregeln als bei der Überlegung, seinen (noch) unprominenten Namen als Firmenmarke zu etablieren – oder eben nicht.

Gemeinsam ist diesen unterschiedlichen Fällen allerdings die Gefahr negativer Imagetransfers. Wenn etwa der Sportler, der seinen Namen für ein Parfüm lizenziert, in einen Dopingskandal verwickelt wird oder ständig in Wettkämpfen verliert, ist das für den Lizenznehmer und seine Produkte kontraproduktiv. Und wenn man seinen Namen einmal „verkauft" hat, darf man ihn in den vereinbarten Branchen nicht mehr selbst nutzen; ein Umstand, den der Modeschöpfer Wolfgang Joop jüngst zu spüren bekam, darf er doch seinen eigenen Namen nicht mehr für Mode und Düfte verwenden.

Bei weniger prominenten Unternehmern fallen diese Probleme weniger ins Gewicht. Die Gefahr von Imagetransfers ist allerdings keine Frage der persönlichen Bekanntheit.

Wird ein Namensgeber in einen Steuerkriminalitäts- oder Sex-Skandal verwickelt – und zwar völlig unabhängig von einer tatsächlichen Schuld – kann er durch die Presse schneller bekannt werden, als ihm lieb ist. Das kann sich immer auch auf die Firma auswirken, die den gleichen Namen trägt; selbst dann, wenn sie dem Namensgeber gar nicht mehr gehört.

Daneben lauern eine Reihe weiterer Gefahren bei der Verwendung des eigenen Namens: Der Kunde der (fiktiven) Werbeagentur HARTMANN & SCHMIDT wird sich nicht optimal beraten fühlen, wenn ihn nicht Herr Hartmann oder Frau Schmidt selbst betreuen, sondern eine andere Person. Bei einem personen-neutralen Namen würde dies weniger ins Gewicht fallen.

Die namentliche Verbindung mit einer bestimmten Person kann auch nach einem etwaigen Verkauf hinderlich sein; denn wenn in einer (fiktiven) Firma LOTHES & MEWES Herr Mewes gar nicht mehr dabei ist und seinerseits eine neue Firma MEWES & LÜTTLER gründet, führt das leicht zu Verwirrungen, die jeder Markenstrategie zuwider laufen.

Ein unschöner, aber dennoch sehr wichtiger Aspekt, den besonders Eigentümerfamilien großer Unternehmen beachten sollten, ist die Möglichkeit persönlicher Bedrohung durch kriminelle oder politisch motivierte Gewalt. Viele Unternehmerfamilien sind aufgrund dieser ständigen Gefahr darum bemüht, ihr Privatleben soweit wie möglich vor der Öffentlichkeit abzuschirmen. Wenn ihr Unternehmen einen anderen Namen trägt als sie selbst, kann dies nur von Vorteil sein.

Nach alledem sollten bereits Existenzgründer die Vor- und Nachteile der Nutzung ihres Familiennamens als Firmenname gründlich abwägen. In vielen Fällen wird ein neu geschaffener Markenname sinnvoller sein.

Kapitelfazit:

- **Eigennamen sind für Neugründungen selten die beste Wahl.**

Fehlerquelle 4: Unpassende und problematische Namen oder: Der Unterschied zwischen merkwürdig und würdig gemerkt zu werden

„Gute“ Namen klingen gut – sollte man denken. Nun: Welcher Name klingt denn besser: MÜLLER oder LEUTHEUSSER-SCHNARRENBERGER? Zweifellos wird das durchschnittliche deutsche Ohr den Namen MÜLLER als wohlklingender empfinden. Aber wenn Ihnen eine Frau Müller vorgestellt wird, erinnern Sie sich später noch genauso gut an den Namen wie an den der ehemaligen Bundesjustizministerin Sabine Leutheusser-Schnarrenberger?

Damit soll nicht für eine neue Doppelnamen-Renaissance geworben werden, vielmehr soll dieses Beispiel veranschaulichen, dass Namen, die „Ecken und Kanten“ haben, langfristig prägnanter sind als „runde und einfache“ Namen, sofern sie einmal gelernt worden sind. Gute und prägnante Namen sollten demnach nicht nur gut klingen, sondern merkwürdig, also des Merkens würdig im wahrsten Sinne des Wortes sein. Wenn ein Name allerdings so kompliziert ist, dass er Ausspracheprobleme bereitet, ist er nicht mehr merkwürdig, sondern einfach nur ungeeignet.

Wie war noch der Name?

Im kurzen Boom der New Economy entstanden auch Namen wie die SYZYGY AG oder CAATOOSEE AG, um nur einige (bisher) Überlebende zu nennen. Wie „gut“ die Unternehmen sind, kann hier nicht beurteilt werden, die Namen allerdings sind weder leicht zu merken, noch gut zu sprechen. Ähnliche Aussprachemonster lassen sich häufiger auch bei frei verkäuflichen Arzneimitteln beobachten.

Wenn zum Beispiel ein Halstabletten-Hersteller im Hörfunk erst einmal die Aussprache des Namens erläutern muss – wie im Winter 2005/2006 für das Produkt DORITHRICIN geschehen – dann könnte mit einem besseren Namen das Marketingbudget auch effektiver eingesetzt werden. Gerade ältere Menschen haben oft Hemmungen, Produkte zu verlangen, deren Namen sie nicht korrekt aussprechen können.

Aber keine Regel ohne Ausnahme. Es gibt ganz wenige Beispiele von Marken, die ihre „Unaussprechlichkeit“ als Effekt einsetzen: Bei UMCKALOABO handelt es sich um eines der erfolgreichsten frei verkäuflichen Arzneimittel der letzten Jahre zur Stärkung der Abwehrkräfte. (Es soll nach einer südafrikanischen Eingeborenensprache benannt sein). Diesen Namen kann zwar fast niemand aussprechen, aber gerade das macht ihn so unverwechselbar und einzigartig. Apotheker bestätigen, dass meist „das Medikament mit U, das keiner aussprechen kann“ verlangt wird – und jeder weiß, was gemeint ist.

Es wäre allerdings äußerst leichtsinnig, dieses einzelne Markenbeispiel generell zur Nachahmung zu empfehlen, denn in der Regel sind ungewöhnliche Namen immer nur dann die bessere Wahl, wenn sie leicht ausgesprochen, einfach gemerkt und positiv zugeordnet werden können. Zur Ungewöhnlichkeit kann unabhängig vom Design auch das Schriftbild beitragen: So fällt zum Beispiel das Cola-Weizenbier-Mischgetränk mit dem Namen QOWAZ eher im Flaschenregal des Einzelhandels auf als die inflationären Markenbezeichnungen mit der Silbe „MIX“ (vgl. MIXERY, MEZZO-MIX etc.) oder rein beschreibende (Cola-Bier-) Namen.

Über kurz oder lang

Und wie sieht es mit besonders langen Namen aus? Ob man lieber einen langen oder einen kurzen Markennamen wählen sollte, ist eine häufig gestellte Frage. An dieser Stelle muss Stimmen widersprochen werden, die behaupten, ein guter Markenname dürfe nur aus einer bestimmten Maximalanzahl von Silben oder gar Buchstaben bestehen (hier wird insbesondere Nicholas Adjouri widersprochen, der behauptet, ein guter Markename dürfe keinesfalls mehr als acht Buchstaben und vier Silben umfassen (siehe: Nicholas Adjouri, Alles, was Sie über Marken wissen müssen, Wiesbaden 2004, Seite 48 ff.).

Die Merkfähigkeit von Markennamen hängt nämlich nicht von ihrer Länge ab, wie der Vergleich Müller – Leutheusser-Schnarrenberger gezeigt hat. Einsilbige Marken wie etwa VOX sind zudem heute fast nicht mehr machbar, weil alle wohlklingenden Einsilber – meist klassen- und länderübergreifend – bereits als Marke geschützt sind. Ebenso gibt es kaum noch freie Internetadressen mit drei Buchstaben. Selbst zweisilbige Namen sind markenrechtlich nur noch schwer durchzusetzen aufgrund zu vieler gleicher und ähnlicher Namen mit älteren Rechten.

Darüber hinaus spielt für die Qualität eines Namens – die „Sprachmelodie“ – eine wichtigere Rolle als die reine Buchstabenlänge. Ein guter Indikator für die Qualität einer Sprachmelodie sind Kinder im Vorschulalter. So bereitet ihnen zum Beispiel die Handhabung der Namen „BiBa-Butzemann" oder „LiLa-Launebär" trotz ihrer Länge keinerlei Probleme, weil sie aufgrund der Alliterationen einfach gut klingen und so einfach erinnert werden können. Diesen Effekt machen sich Markennamen wie Chakalaka (Grillsoße von MAGGI) zu Nutze.

Katzenfangen in der Disco

Wenn ein neues Produkt floppt, gibt es meistens mehrere Väter des Misserfolgs und es wird immer schwer zu definieren sein, welchen Anteil daran der Produktname hat. Im folgenden Fall allerdings trägt der äußerst ungewöhnliche Name eindeutig einen wesentlichen Teil der Flop-Verantwortung.

Im Rahmen des Mixgetränkebooms hatte nämlich die Flensburger Brauerei zu Anfang des neuen Jahrtausends ein (inzwischen wieder eingestelltes) neues Produkt auf den Markt gebracht. Es handelte sich um einen Bier-Cola-Mix mit dem sehr originellen Namen CATCH THE CAT.

Ein wahrlich lautmalerischer Name. Aber bestellen Sie mal nach fünf Bier an einer Bar in einer lauten Diskothek ein CATCH THE CAT – das klingt dann bestenfalls peinlich und war offensichtlich auch einer der Gründe, die zur Einstellung des Produktnamens führten.

Geschichtsbewusstsein und Feingefühl sollten ebenfalls bei der Namensgebung nicht fehlen. So brachte in den neunziger Jahren ein italienischer Sportartikelhersteller eine Sportschuhserie mit dem windigen Namen ZYKLON auf den Markt und wollte diese auch nach Israel exportieren. Erst eine jüdische Organisation musste den Hersteller darauf aufmerksam machen, dass ZYKLON B das Giftgas zur Massenvernichtung in den Konzentrationslagern des Zweiten Weltkriegs war, woraufhin der Name zurückgezogen wurde.

Tödliche Namen

Besonders „merkwürdig" im Sinne einer hohen Prägnanz sollten die Namen von Arzneimitteln sein. Laut einer Studie der American Pharmacist Assoziation – APhA – sterben jährlich allein in den USA über 20.000 Menschen, weil Ärzte und Apotheker Medikamente verwechseln, die ähnlich klingen oder deren Schriftbild ähnlich aussieht, die aber völlig andere Wirkungen verursachen (vgl. Aronson J.K., Medication errors resulting from the confusion of drug names. In: Expert Opinion on Drug Safety, Ashley Publications, 1 May 2004, vol. 3, no. 3, Seiten 167–172).

Wenn zum Beispiel das Antibiotikum TETRASAR mit dem Muskelentspanner TETRACEPAN verwechselt wird oder das Heuschnupfenpräparat LISINO mit dem Herz-Kreislaufmittel LISINOPRIL, kann dies unerwünschte bis fatale Wirkungen haben. Zu Irrtümern kommt es durch unleserlich geschriebene Rezepte sowie durch einfache Lese- und Hörfehler.

Weltweit über eine Million Pharmamarken sowie viele spezielle Vorschriften schränken die Kreation neuer Markennamen für Arzneimittel stark ein. Um die Verwechslungsproblematik möglichst auszuschließen, wird empfohlen, bei Arzneimittelnamen eher auf Klarheit und Unterscheidungskraft zu setzen, statt auf den meist üblichen Bezug zu den Inhaltsstoffen oder Therapien.

So heißen zum Beispiel zwei Antibiotika (so genannte Gatifloxazine) von Grünenthal Pharma, deren Namen die Agentur ENDMARK mitentwickelt hat, BONOQ und STAROX. Diese Namen für Generika haben bewusst nichts mit den Inhaltsstoffen zu tun, sind aber merkfähig, wirken „stark“ und neigen vor allem nicht zu Verwechslungen.

Kapitelfazit:

- **„Merkwürdige“ Namen sind stärker als „glatte“ Namen.**
- **Die Sprachmelodie ist wichtiger als die Wortlänge.**

Fehlerquelle 5: Trend- und MeToo-Namen

oder: Warum Kultnamen meistens floppen und Nachahmer zweitklassig wirken

Viele Produktmanager wünschen sich für Innovationen besonders „kultige“ oder „trendige“ Namen. In solchen Fällen wäre zunächst zu fragen: Wie kultig darfs denn sein? Eher ein wenig neu-kultig wie YAHOO, oder retrokultig wie AHOJ-BRAUSE, oder lieber klassisch-kultig wie HARLEY DAVIDSON? Kultnamen gibt es ebenso wenig wie Trendnamen. Zwar kann man mit einem geeigneten Markennamen den Weg zum Kult fördern oder Trends setzen – viel öfter werden allerdings mit den falschen Namen Erfolge verhindert.

Das klassische Beispiel dazu lieferte Volkswagen in den siebziger Jahren: Um an den Erfolg des Käfer-Kults anzuknüpfen, gab man dem Nachfolgermodell (dem deutschen GOLF) in den USA den vermeintlich originellen Namen RABBIT. Dabei vergaß man glatt, dass die wahrhaft kultigen Bezeichnungen KÄFER und BEETLE keiner Marketingabteilung, sondern dem Volksmund entstammten. Bekanntermaßen floppte das „Kaninchen“ in den USA heftig, nicht zuletzt wegen eines lächerlichen Namens für ein gutes – aber bestimmt nicht kultiges – Fahrzeug.

Zum erfolgreichen Kult werden kann, wer anders ist – und das möglichst als erster in seinem Segment. Der Käfer war völlig anders als alle amerikanischen Autos, der RABBIT hingegen wurde auch noch „malibunized“, das heißt in Ausstattung, Farben und Details bewusst amerikanisiert. Damit war er höchstens noch kleiner, aber nicht länger anders als amerikanische Automobile.

Anders zu sein ist demnach gut für einen Kultstatus, bezieht sich aber in erster Linie auf das Produkt und weniger auf den Namen. Wenn sich schon über den Namen allein kein Kult befördern lässt, wie wichtig sind dann aktuelle Trends für die Wahl eines Markenamens? „Wir hätten gerne so einen Namen wie YAHOO“, war einer der häufigeren Wünsche, die während des New Economy-Booms an Namensentwicklungsagenturen herangetragen wurden. Später hingegen sollten neue Namen auf keinen Fall nach Internet klingen, womit bereits ein gravierender Nachteil trendfolgender Namen deutlich wird. Ganz abgesehen vom MeToo-Effekt, der nach YAHOO irgendwelche DOOYOOs und Ähnliches einfach zweitklassig wirken lässt.

Lifestyle- und Trendnamen

Wie wichtig ist es nun überhaupt, mit Markennamen auf Trends einzugehen, und wie trifft man damit den Lifestyle seiner Zielgruppen? Sofern Lifestyle sich in Sprache ausdrückt, ist diese nur sehr bedingt für den Einsatz als Markenname geeignet. Bei kurzfristig angelegten Mode-Labels der Textil- oder Entertainment-Industrie mögen zeitgeistige Begrifflichkeiten wie zum Beispiel BOYZ, GIRLZ oder CLUBBING eine berechtigte Anwendung finden – für einen langfristigen Markenaufbau sind sie eher ungeeignet; denn kaum etwas ändert sich schneller als die Jugend- und Szenesprache.

Einem Trend zu folgen kann im Designbereich großen Sinn machen, beim Naming bedeutet es allerdings umso offensichtlicher, eine MeToo-Strategie zu fahren. Dabei sind Trends bei Markennamen nichts Neues. So schwappte Anfang des letzten Jahrhunderts eine Wertewelle in die aufkeimende Markenlandschaft: Begriffe wie CONCORDIA, VICTORIA und TRIUMPH haben daraus bis heute überlebt. Dann gab es eine Abkürzungswelle (IBM, BASF, ITT etc.) und später eine Zahlenwelle (Persil 65, Creme 21 etc.).

In den neunziger Jahren schließlich entstand neben dem Doppel-X- und Doppel-O-Syndrom (vgl. MEXX, YAHOO etc.) eine neo-klassizistische Welle mit Markennamen wie AVENTIS, NOVARTIS oder INFINEON. Andere Namen einer Welle mögen für sich genommen durchaus attraktiv sein. Wenn allerdings gleichzeitig mit der Veröffentlichung von AVENTIS (jetzt Sanofi-Aventis) ein PKW namens AVENSIS (Toyota) erscheint, so ist das weniger wünschenswert und leider kein Einzelfall beim Verfolgen eines Trends.

Abgesehen von hohen rechtlichen Risiken, die eine zu nahe Anlehnung an bereits existierende Namen erzeugen kann, gilt auch für das Naming: Trend-Setting ist immer besser als Trend-Following. Konkret heißt das: Wer als erster neue Wege für seine Branche beschreitet, kann enorm davon profitieren.

Das Gesetz der Ersten

Der Name eines Ersten prägt sich uns immer leichter ein als der Name des Zweiten oder Dritten. Wer war der erste Mann auf dem Mond? Klar, Neil Armstrong – aber wer war der zweite? Nur noch Raumfahrtfans werden sich an Edwin Aldrin erinnern. Wer überquerte als erster im Flugzeug nonstop den Atlantik? Logisch: Charles Lindbergh! Aber kennen Sie Bert Hinkler? Nein? Nun, er war der zweite Atlantiküberquerer.

Ähnlich verhält es sich mit Marken. Wie heißt das erste deutsche Papiertaschentuch? TEMPO natürlich – und wie hieß das zweite? Dabei ist es irrelevant, ob TEMPO tatsächlich das erste Papiertaschentuch war, wichtiger ist, dass es das erste war, das von einer breiten Öffentlichkeit wahrgenommen wurde.

Erster seiner Sparte, seiner Art zu sein beinhaltet immer eine große Chance – insbesondere die, seinen Namen zu einem Synonym für eine ganze Produktkategorie werden zu lassen. Dazu zählen weltweit die Marke POST-IT, als erste haftende Notizzettel oder in den USA HOOVER für Staubsauger und XEROX für Fotokopierer. Die letzten beiden sind sogar zu Verben mutiert: man spricht dort von „xeroxing", wenn man Fotokopieren meint und bezeichnet mit „to hoover" das Staubsaugen.

Nun werden einige Markenmanager sofort auf die Gefahren von Synonymbildungen hinweisen, die u. a. darin liegen, dass, wenn jemand TEMPO verlangt, er vielleicht auch ein anderes Produkt angeboten bekommt, ähnlich beim POST-IT oder auch beim Klebstoff UHU. Wenn man allerdings derartige Probleme hat, dann hat es die Marke längst ins Bewusstsein der Konsumenten geschafft, und viele Markenartikler würden solche „Probleme" wünschen.

Was hat dieses Thema jetzt mit Namensgebung zu tun? Nun, zum einen spielt natürlich auch hier die Qualität des Namens eine Rolle. Hätte TEMPO zum Beispiel PAPIERETTO geheißen, wäre es wesentlich schwieriger gewesen, der Marke zu einer so großen Alleinstellung zu verhelfen.

Damit muss an dieser Stelle auch ganz entschieden den – ansonsten verdienstvollen – amerikanischen Positionierungsexperten Al Ries und Jack Trout widersprochen werden, die unbedingt einen generischen Namen empfehlen, wenn jemand erster in einer Kategorie ist. ("If your´re introducing the first brand in a new category, you should always try to select a name that can work generically.", Al Ries/Jack Trout, The 22 Immutable Laws of Marketing, 2nd ed. London 1994, Seite 7)

Zwar haben die Amerikaner traditionell eher ein Faible für generische Produktnamen (siehe HEAD&SHOULDERS, WASH&GO oder MILKY WAY), aber im Zeitalter der globalen Markeninflation geben auch amerikanische Unternehmen vermehrt Namen wie GOOGLE, YAHOO und APPLE I-POD den Vorzug vor rein beschreibenden Begriffen.

Nun kann man nicht immer in seiner Produkt- oder Dienstleistungskategorie der Erste sein. Dieser Fall ist sogar eher sehr selten. Die weitaus meisten Produkte sind Nachahmungen, auch wenn sie sich selbst nicht so verstehen. Umso wichtiger ist es aber, dass man, wenn man mangels grundsätzlicher Innovationen mit dem Produkt selbst keine tief greifenden Akzente setzen kann, dies mit seiner Darstellung tut – und die beginnt mit dem Namen. Hier hat man klare Vorteile, wenn man zumindest mit dem Namen erster in seiner Kategorie ist.

Einige Beispiele: Eine der ersten großen Namensentwicklungen des Autors hieß VOX. VOX war in Deutschland der erste bundesweite, terrestrisch empfangbare Fernsehsender, der einen richtigen Namen trug – statt der bis dahin üblichen Abkürzungen (vgl. ARD, ZDF, RTL, SAT.1, n-tv, MTV usw.). Das System wurde später kopiert (siehe VIVA, arte etc.), ohne dass es der Marke VOX geschadet hat.

Namentlich erster zu sein in einer Kategorie hat eine oftmals marktentscheidende Bedeutung. So kann man über den Namen für die Berliner Modemesse BREAD & BUTTER trefflich streiten, aber nicht zuletzt wurde sie über diesen außergewöhnlichen Namen bekannt und gewann an Bedeutung. Würde jetzt allerdings ein Veranstalter eine Messe, gleich welcher Art, SALT & PEPPER nennen, wäre das MeToo und damit eher peinlich als Erfolg versprechend.

Ebenso wie es von Vorteil ist, erster in einer Produkt- oder Namenskategorie zu sein, kann auch ein neuer Name an sich für Innovation stehen (selbst dort, wo inhaltlich keine besonderen Neuerungen erkennbar sind). Bleiben wir zum Beweis dieser These beim Thema Messe.

Eine der größten europäischen Messen für Fenster, Türen und ähnliche Produkte hieß einfach FENSTERBAU, kombiniert mit der jeweiligen Jahreszahl. Abgesehen davon, dass sich dieser Name nicht monopolisieren ließ, war er auch sehr einschränkend (neben Fernstern ging es ja auch um Türen, Markisen, Balkongitter usw.), und international wirkte er auch nicht.

Der neue Name, den die Agentur ENDMARK entwickelte, war ein generischer, aber gleichzeitig auch monopolisierbarer Name, er heißt: FRONTALE (Frontale 2002/2004 usw.). Neben dem sprachlichen Eventcharakter (vgl. Biennale etc.) wird dort alles gezeigt, was die Häuser*front* betrifft. Bei gleichem Inhalt symbolisierte der neue Name Erneuerung und verhalf so der Messe zu neuem Erfolg.

Handelsmarken: MeToo als Drahtseilakt

Einen Sonderfall der MeToo-Strategien bildet der Bereich der Handelsmarken. Bei den Handels- oder Eigenmarken unterscheidet man drei Namenskategorien:

1. So genannte Programm-Marken wie GUT & BILLIG (MARKTKAUF), TIP (REAL), JA! (REWE) etc., deren „Namen Programm sind" bzw. die sich bewusst als „No-Name-Marken" positionieren.
2. Identitätsmarken wie FÜLLHORN, ERLENHOF (Nahrungsmittel/REWE) oder LASCANA (Dessous/Otto-Versand), die in Bezug auf ihren Namen nach dem gleichen Muster arbeiten wie Herstellermarken.
3. Me-Too-Marken, Handelsmarken, die sich vom Namen her – meist auch in Form, Farbe und Sortimentsauswahl nahe an eine bekannte Herstellermarke anlehnen.

Die MeToo-Strategie ist dabei allein unter rechtlichen Aspekten der risikoreichste Weg, eine Handelsmarke zu gestalten. Sofern sich der neue Name nämlich zu offensichtlich an bereits existierende Markennamen anlehnt, kann das zu teuren rechtlichen Auseinandersetzungen führen. Zuweilen gelingt aber der Balanceakt, mitunter aber auch nicht. So ist es NIVEA (Beiersdorf) bisher nicht gelungen, der Handelsmarke BALEA (DM) diesen Namen gerichtlich untersagen zu lassen.

Dennoch wird sich NIVEA weiter bemühen, gegen BALEA vorzugehen, wobei nicht nur juristische Mittel zu Verfügung stehen. Mit seiner Marktbedeutung kann die Marke Nivea auch durch Nichtbelieferung und andere kaufmännische Maßnahmen Druck auf bestimmte Handelspartner ausüben. Von daher steht der aktuelle Erfolg von BALEA noch nicht langfristig auf sicheren Füßen. Markenrechtliche Probleme entfallen natürlich dann, wenn sich hinter der Originalmarke und der ähnlichen Handelsmarke der gleiche Hersteller verbirgt.

Zur Vermeidung von Abhängigkeiten kann es aber passieren, dass insbesondere Discounter verschiedene Hersteller für die Produktion des gleichen Produktes verpflichten, das aber nur unter einem Namen am POS (Point of Sale – der „Verkaufsort“) auftaucht. So produzieren für ALDI (Nord und Süd) die Firmen Dalli, Kuhns und Propack jeweils das Waschmittel TANDIL.

Unabhängig von den gewaltigen rechtlichen Risiken ist generell sowohl bei Handelsmarken als auch bei originären Marken von jeglicher MeToo-Strategie abzuraten. Nachahmer wirken sehr leicht zweitklassig und sind meist nicht in der Lage, eine eigenständige Markenpersönlichkeit aufzubauen und damit einen – von anderen unabhängigen – Markenwert zu schaffen.

Kapitelfazit:

- **Trends zu setzen ist auch bei der Namensgebung besser, als Trends zu folgen.**
- **Ein MeToo-Name wirkt meistens zweitklassig und ist mit hohen Risiken behaftet.**

Fehlerquelle 6: Der Stellenwert inhaltlicher Bedeutungen von Markenamen

oder: Warum ein Name nichts bedeuten muss, aber viel zu bedeuten hat

Eine klassische Frage für Marken-Besserwisser lautet: „Für was steht eigentlich der Name DEGUSSA?" Die korrekte und in heutigen Ohren etwas antiquiert wirkende Antwort lautet „Deutsche Gold- und Silber-Scheideanstalt". Aber das ist eigentlich gar nicht wichtig, zumal sich der primäre Unternehmensgegenstand zwischenzeitlich längst verändert hat. Wie wichtig ist überhaupt die semantische Bedeutung eines Markennamens? Bis auf Fälle möglicher negativer Interpretationen und Übersetzungen ist die tatsächliche Bedeutung einer der am meisten überschätzten Faktoren. Im Grunde ist die Bedeutung des Namens für den Markterfolg einer Marke ziemlich egal!

Nehmen wir zum Beispiel den Namen des bereits erwähnten TV-Senders VOX. Obwohl VOX inzwischen ein sehr populärer Name ist, wissen laut einer Stichprobenbefragung aus dem Jahr 2003 über 90 Prozent der Befragten nicht, für was VOX steht oder was es konkret heißt. Der Lateiner wird sich erinnern: vox, vocis f. = die Stimme, der Ton, der Akzent. Das muss aber niemand wissen, viel wichtiger ist, dass der Name positiv empfunden wird, dass er leicht gemerkt und im Falle des Fernsehens auch leicht visualisiert werden kann.

Im vorliegenden Fall war das mangelhafte Wissen um die Bedeutung sogar ein immanenter Vorteil. So hat der TV-Sender nach seinem Markteintritt einen gravierenden Positionierungswechsel mitgemacht: vom „nachrichtenorientierten Ereignisfernsehen" hin zu einem reinen Unterhaltungssender. Wäre also die wörtliche Bedeutung beim Publikum präsenter gewesen, hätte der Markenname wahrscheinlich geändert werden müssen, was immer einen hohen Kommunikations- und Finanzaufwand bedeutet.

Sollte drauf stehen, was drin ist?

Die Positionierung einer Marke durch ihren Namen erscheint logisch und einfach, ist aber in vielen Fällen ein Schuss, der nach hinten losgeht. Es gibt zwei Branchen, in denen international häufig die glamourösesten und bedeutungsvollsten Firmennamen benutzt werden: Das sind zum einen klitzekleine Filmproduktionsfirmen und – vornehmlich von Asiaten geführte

– kleine Im- und Exportfirmen. Hier liest man Namen wie GLOBAL GOLDSTAR ENTERPRISES oder UNIVERSAL GOLDEN WORLDPICTURES – und der Branchenkenner vermutet sofort: „Das ist wahrscheinlich eine Klitsche".

Namen, die sich selbst durch ihre Aussage aufwerten wollen, erzeugen oft das Gegenteil (man spürt die Absicht und ist verstimmt). Zu offensichtliche Werte- und Qualitätsaussagen in Namen können auch leicht zu einer Verballhornung einladen oder bieten sich für schmähende Aussagen geradezu an, wenn die Marke doch mal in Schwierigkeiten gerät.

Es ist daher nur sehr oberflächlich betrachtet gut, dass der neue Name der von Bayer ausgegliederten Chemiesparte LANXESS heißt und damit an SUCCESS (= engl. Erfolg) erinnert. Bleibt dieser Erfolg einmal – auch nur vorübergehend – aus, ist die Namensanspielung für kritische Journalisten und Konkurrenten ein gefundenes Fressen.

Mit konkreten Aussagen und wertenden Elementen in Markennamen ist sehr vorsichtig umzugehen. Zum einen ist dies eine Frage der Glaubwürdigkeit: Ähnlich wie bei der Erkenntnis, dass es sich bei einer Gaststätte mit dem Aushängeschild „Studentenkneipe" nur selten tatsächlich um eine solche handelt, sind auch beispielsweise Marken mit dem Etikett ÖKO oder BIO häufig derartigen Zweifeln ausgesetzt. Weiterhin werden solche Labels derart inflationär genutzt, dass eine Alleinstellung im Wettbewerb kaum möglich ist.

Es ist also auf der einen Seite wenig ratsam, ein Gourmet-Restaurant GOURMEZZO zu nennen und andererseits eine Nobelboutique GABIS SCHATZKÄSTCHEN. Beide Namen wären unglaubwürdig.

Storys zum Namen

Warum heißt das Produkt oder Unternehmen so und nicht anders? Diese Frage wird außer gelegentlich von pensionierten Deutschlehrern nur auf Pressekonferenzen von Journalisten gestellt. Da ist es gut, wenn man eine Story parat hat – die später allerdings meist keinen mehr interessiert.

Als ein typisches Beispiel für Storys und Erklärungen zum Namen sei die Umwandlung der „Bertelsmann Industrie AG" in ARVATO AG genannt. Der von ENDMARK entwickelte Begriff ARVATO bedeutet rein gar nichts;

allerdings muss der Name in über 40 Ländern und ähnlich vielen Sprachen funktionieren. Natürlich wurde für die Pressekonferenz des Relaunches, der Neugestaltung, etwas zur Begründung des Namens vorbereitet, in diesem Fall: „AR steht für ars (Kunst), VA für Variation, T für Technik und O für Organisation“. Dabei spielt es keine Rolle, ob diese „Auflösung“ des Namens deduktiv, das heißt nachträglich erfolgte oder sinnstiftend für den gesamten Namensentwicklungsprozess war. Nach einigen Wochen interessiert die Geschichte nicht mehr – es sei denn, sie ist besonders schlecht.

Ein Beispiel dazu liefert die Story zum Namen des großen Volkswagenmodells PHAETON. Wenn ein Name schon der griechischen Mythologie entlehnt wird, sollte man unbedingt darauf achten, dass die dem Namen zu Grunde liegende Geschichte positiv ausgeht und nicht, wie beim Sonnenwagen Phaeton, in einer Katastrophe endet. Eine Story zum Namen ist also nicht immer notwendig, aber wenn es eine gibt, sollte sie gut und positiv sein!

Eine Story macht einen Namen auch keinesfalls besser. Ganz stolz publizierte die ehemalige Unternehmensberatung Arthur Andersen (die sich aus rechtlichen Gründen von dem Namen Andersen verabschieden musste) die Entstehungsgeschichte ihres neuen Namens (vgl. www.markenlexikon.com). Demnach brachten mehrere tausend Mitarbeiter aus 47 Ländern insgesamt 2.677 Namensvorschläge ein. Nach gründlicher Prüfung wurde schließlich der Vorschlag von Kim Petersen, einem Seniorberater aus Oslo, ausgewählt und ist seit Januar 2001 gültig. Der Vorschlag heißt ACCENTURE. Laut Petersen entstand der Name aus einer Kombination der Worte „accent“ und „future“, wodurch die Akzentuierung der Zukunft verbalisiert werde; schließlich helfe das Unternehmen seinen Kunden bei der Gestaltung ihrer Zukunft.

Das klingt alles ganz toll, interessiert aber niemanden! Allein unter dem Gesichtspunkt der Handhabung wirkt der Name problematisch: Wenn man ihn (zum Beispiel am Telefon) hört, weiß man dann, wie er geschrieben wird? Muss man nun „axenture“, „axxenture“, „acsenture“ oder „accenture“ tippen, um auf die richtigen Websites zu kommen? Nun, inzwischen lautet die interne Bezeichnung des Unternehmens auch ACCIDENTURE (accident = engl. Unfall). Verballhornen kann man jeden Namen, nur sollte man die Munition dazu nicht noch als Story mitliefern.

Was vielleicht einige Corporate-Identity-Philosophen erschüttern wird: Die Erfahrung aus vielen Jahren Namensentwicklung lehrt, dass letztendlich der Klang eines Markennamens viel wichtiger für seine Akzeptanz ist als seine wörtliche Bedeutung. Zum Beispiel bedeutet der Name für eine der erfolgreichsten Kinder- und Medienmarken, TOGGO, ebenfalls rein gar nichts, klingt aber gerade für Kinder ganz besonders sympathisch.

Namen ohne Sinn und Verstand?

Die Frage, ob ein abstrakter Name wie ARVATO oder TOGGO oder eher ein Name, der eine Bedeutung impliziert, die bessere Alternative darstellt, lässt sich nicht pauschal beantworten. Je vielseitiger ein Markenname eingesetzt werden soll, desto eher empfiehlt sich eine abstraktere Wortschöpfung. Die Marke TOGGO wird zum Beispiel von SuperRTL sehr erfolgreich lizenziert, und inzwischen gibt es TOGGO-Fahrräder, TOGGO-Lutscher, TOGGO-Kinderreisen usw. Umgekehrt kann man sagen, je spezifischer ein Markenname eingesetzt werden soll, desto eher kann man zu einem generisch-orientierten Namen raten.

Etwa zur gleichen Zeit, in der die Agentur ENDMARK am TOGGO-Projekt arbeitete, konnte sie auch einem bekannten Kölner Film- und TV-Studio-Komplex einen Namen geben. Das Ergebnis heißt COLONEUM. Hier hätte ein rein abstrakter Name wenig Sinn gemacht.

Die größere Alleinstellung im Wettbewerb erreicht man auf lange Sicht eher mit einem abstrakteren Namen, wobei es immer aufwendiger ist, einen solchen einzuführen. Denn wenn wir mit etwas Neuem konfrontiert werden wie mit neuen Namen, dann begibt sich unser Gehirn auf die Suche nach „Schubladen“ (bzw. Synapsen), in die das Neue am besten passt. Wird keine Schublade gefunden, verwirrt uns der neue Begriff möglicherweise zunächst. Andererseits bietet sich so die Chance, eine neue, „exklusive Schublade“ für den neuen Begriff anzulegen und somit langfristig eine hohe Alleinstellung auch im Bewusstsein des Einzelnen zu erreichen.

Kapitelfazit:

- **Die semantische Bedeutung eines Markennamens ist unerheblich, solange keine negativen Bedeutungen vorhanden sind.**
- **Eine Story zum Namen ist „nice to have“, aber nicht notwendig. Wenn sie vorhanden ist, sollte sie allerdings gut sein.**
- **Markennamen, die sich über eine Qualitätsaussage positionieren wollen, wirken selten glaubwürdig.**

Fehlerquelle 7: Unreflektierte fremdsprachliche Namen oder: Von silbernem Mist, Uschi als Kombi und tödlichem Kaffee

Viele kennen die Geschichte vom MITSUBISHI PAJERO, dessen Name in spanisch-sprechenden Ländern umgangssprachlich für ein Schimpfwort im Sinne von „Wichser" steht. Das wurde erst spät entdeckt und führte letztendlich zur Umbenennung: In diesen Ländern heißt das Modell jetzt MITSUBISHI MONTERO. Ein Einzelfall? Keineswegs. Sprachliche Fauxpas kommen fast täglich in der globalen Markenwelt vor. Nun besitzen Übersetzungsprobleme eine unterschiedliche Relevanz: Ein vormaliges Rolls-Royce-Modell mit dem Namen SILVER MIST hatte keine Akzeptanzprobleme in Deutschland, weil die Handvoll Käufer den Namen eher chic als abschreckend fanden und in den meisten Fällen auch der englischen Sprache mächtig waren (mist = engl. Nebel). Allerdings konnte die Firma CLAIROLS einen Lockenstab mit dem Namen MIST STICK in Deutschland nicht an die Frau bringen; denn diese fanden den Namen mehrheitlich doch irgendwie stinkig.

Unerheblich ist es dagegen, dass die Kaffeemarke Tchibo je nach Zusammenhang auf japanisch „Tod" (= Shibo) bedeutet, denn sie ist nicht unter diesem Namen in Japan aktiv, und die wenigen Japaner in Deutschland sind eh keine großen Kaffeetrinker.

Ganz anders sah es aus bei einem mittelständischen Unternehmen aus Bad Oeynhausen, das im Bereich der Gefahrengutlagerung tätig ist. Es nannte sich nach den Initialen der Gründer PD-Systemtechnik. Das war auch kein Problem, bis das Unternehmen auch in Frankreich aktiv werden wollte. Dort steht „PD" für „schwul", was nicht unbedingt dem Unternehmenszweck entsprach und im Vertrieb zu Irritationen führte. Nach intensiver Prüfung der Pro- und Kontraargumente entschied man sich für eine Umbenennung. Die Firma heißt jetzt DENIOS und hat auch Erfolg in Frankreich.

Oftmals sind es aber nicht nur reine Übersetzungsprobleme, auch Mundarten können für Konfusion sorgen. Ein Wuppertaler Unternehmen aus dem Bereich der Mikromechanik trug mehrere Jahre lang den Namen METAFOT. Entstanden war der Name wegen der fotografischen Techniken, mit deren Hilfe die Formen der superkleinen Bauteile gebildet und geätzt wurden.

Allerdings stammte der Namensgeber nicht aus West- oder Süddeutschland. Dort steht die Silbe "Fot" nämlich für "Po", was u. a. dazu führte, dass Mitarbeiter auf Messen Sprüche erfahren mussten wie: „Da kommt der Herr Meier vom Meta-Ar...". Obwohl das Unternehmen – ebenso wie DENIOS – nur im Business-to-Business-Sektor tätig war, wirkte der Name geschäftsschädigend und wurde schließlich erfolgreich umbenannt in METAQ.

Nicht nur wörtliche und dialektale Übersetzungen können geschäftsschädigend wirken, auch Interpretationen und bestimmte Anmutungen. So hat Volkswagen zum Beispiel einen Van im Programm, der den Namen SHARAN trägt. In England und den USA spricht man den Namen genauso aus wie den weiblichen Vornamen „Sharon". Der Name Sharon allerdings wirkt dort ähnlich wie im Deutschen der Name „Gabi" oder „Uschi" im Sinne von „Uschis Nagelstudio" (gleichnamige Schauspielerinnen und sonstige Ursulas mögen dies verzeihen). Und wer fährt schon gerne mit einem Wagen namens Uschi? Daher ist es ratsam, mögliche neue Namensvorschläge immer auch von jeweiligen Muttersprachlern in allen relevanten Fremdsprachen bewerten zu lassen, wobei man auch an fremdsprachliche Zielgruppen im Inland denken sollte.

Leichensäcke im Modeladen

Ganz peinlich kann es werden, wenn man einen vermeintlich fremdsprachlichen Begriff im Inland benutzt, der für den Kenner der Sprache etwas völlig anderes bedeutet. Wiederholt wurden beispielsweise im deutschen Einzelhandel modische Rucksäcke als BODYBAGS angeboten. Bodybags sind für den Kenner der Sprache aber „Leichensäcke". Rucksack heißt auf Englisch einfach RUCKSACK, was manchem deutschen Marketingverantwortlichen wohl nicht Englisch genug klang.

Mangels einer nicht allzu großen englischen Zielgruppe nicht ganz so auffällig, aber ebenso peinlich ist auch der Name eines Stromtarifes des Kölner Energieversorgers GEW-Rheinenergie. Er nennt einen seiner populärsten Privattarife FAIRCOLON, was Engländer entweder mit „fairem Dickdarm" oder mit „Dickdarm-Messe" übersetzen können.

Was ist eine Comedy-Scheese?

Auch eher kurzfristige Produkte wie serielle Fernsehsendungen brauchen gute Namen, die man hier Titel nennt. Wie wichtig ist der Titel für die Einschaltquote? Eine langweilige oder per se schlechte Sendung wird ein guter Titel allein sicher nicht retten.

Der Titel ist vielmehr eine Art „Teaser", ein Mittel um Neugier zu wecken, und wichtig für mögliche Zitate zur und aus der betreffenden Sendung. Natürlich spielen die Art der Sendung und ihre Protagonisten die wichtigste Rolle bei der Art der Namenswahl. Insofern ist es auch folgerichtig und konsequent, dass zum Beispiel die ARD die Show mit Harald Schmidt einfach Harald Schmidt genannt hat, denn nur um ihn geht es. Einige Jahre zuvor produzierte RTL Television ein Comedy-Format mit dem Hauptprotagonisten Hape Kerkeling.

RTL nannte diese Sendung aber nicht Hape-Kerkeling-Show, sondern etwas anglophil angehaucht: CHEESE. Gemeint war der auffordernde Ausspruch des Fotografen an seine um ein Lächeln bemühten menschlichen Motive, was sich aber nicht jedem RTL-Zuschauer erschloss. Bei einer Stichproben-Untersuchung, bei der potenzielle Zuschauer gebeten wurden, Titel aus einer Programmzeitschrift vorzulesen, interpretierte über die Hälfte der Befragten diesen Titel als deutsch „Scheese", wusste aber nicht so genau, was das sein sollte.

Diese Sendung floppte letztendlich, woran der unglückliche Titel einen Anteil gehabt haben mag. Zumal niemand morgens beim Bäcker zu seiner Nachbarin sagte: „Haben Sie gestern Abend Cheese gesehen?", sondern höchstens „Haben Sie gestern Abend Hape Kerkeling gesehen?".

Natürlich spielt die Qualität der Sendung eine ganz wichtige Rolle. So gibt es seit Jahrzehnten eine Fernsehsendung mit einem – unter Zitatgesichtspunkten – unglücklichen Titel, trotzdem ist diese Sendung äußerst populär.

Es sind die ZDF-Nachrichten, betitelt mit heute. Allerdings sagt zum Beispiel niemand „Der Bundeskanzler sagte heute gegenüber heute..." oder „das habe ich gestern in heute gesehen". In beiden Fällen wird man wohl eher „ZDF-Nachrichten" sagen.

Kapitelfazit:

- **Fremdsprachliche Markennamen sollten unbedingt sowohl von Muttersprachlern als auch von der jeweiligen Zielgruppe auf Ihr Verständlichkeit hin überprüft werden.**

Fehlerquelle 8: Internet-ungeeignete Namen oder: www.nicht-gefunden-werden.de

Die Weiten des Internets sind eines der wenigen Felder, in denen Firmen- und Markennamen weitgehend auf sich selbst gestellt sind. Bei der Suche nach einer Internetadresse, beim Bedienen einer Suchmaschine und bei jeder E-Mail spielen Design, Farben, Töne, Claims und andere Kommunikationselemente, die sonst ein Markenbild ausmachen, keine Rolle.

Der Name selbst ist wichtig, seine möglichst unmissverständliche Schreibweise und die Verfügbarkeit einer namensgleichen Internet-Domain. Wie wichtig die Identität von Online- und Offline-Name ist, soll an einem Beispiel verdeutlicht werden. Vor einigen Jahren hat der Autor einige Projekte zusammen mit einer Internetfirma realisiert. Diese Firma, ein Tochterunternehmen einer größeren Verlagsgruppe, hieß OMS – Online Marketing Service. Als die Zusammenarbeit ganz frisch war und noch nicht alle Adressdaten in die eigenen Systeme übernommen worden waren, sollten Präsentationsunterlagen per Kurier an die Firma OMS gesendet werden. Nun fehlte dem Sekretariat die Postanschrift, und am Telefon meldete sich zur Feierabendzeit bereits der Anrufbeantworter.

Das sollte wirklich kein Problem sein, schließlich handelte es sich um eine Internetfirma. Also musste die Firma und auch ihre Postanschrift ja im Internet zu finden sein. Als weder oms.de, oms.com oder oms.net noch der volle Name mit und ohne Bindestriche zu irgendwelchen Ergebnissen führten, war die Suchmaschine dran.

Bei Google gab es zur Buchstabenkombination OMS zirka eine halbe Million Treffer, und selbst die rein deutschen Seiten zeigten noch über 100.000 Hits an, die von OSTSEE MARINE SERVICE bis zu OMAS MIRABELLEN SIRUP reichten. Die Firma residierte im Internet übrigens unter der Adresse oms-kombi.de, was auch gleich eine Aussage über die Problematik reiner Abkürzungsnamen zulässt.

Das Ganze passierte im Jahre 2000 zur Zeit des New Economy-Booms, in der man noch gerne zwischen Internet-Marken, so genannten E-Brands, und Off-Air- oder klassischen Marken unterschied. Heute wird diese Unterscheidung im Allgemeinen nicht mehr für wichtig halten. Jede Marke muss im Internet präsent sein, andererseits müssen reine Internetbusinessfirmen (wie zum Beispiel Google) auch in anderen Medien auftauchen.

Der kurze Trend, generische Begriffe á la buecher.de und letsbuyit.com zu nutzen und als Marke zu kommunizieren, konnte sich nicht durchsetzen. Verantwortlich für diese Abkehr von allgemeinen Begrifflichkeiten war ganz klar ihre mangelnde Monopolisierbarkeit.

Die meisten dieser Adressen konnten nicht als Wortmarke geschützt werden, und Gerichte befanden allgemeine Begriffe immer mehr als freihaltungsbedürftig. In Österreich verlor der Süßwarenhersteller Ferrero letztinstanzlich das Recht an der von ihm – mit Blick auf die Produkte Kinder-Schokolade, Kinder-Überraschung etc. – beanspruchten Domain kinder.at (OGH, Beschluss vom 16.7.2002, 4 Ob 156/02y).

Je wichtiger allerdings das Internet für die Marke ist, umso wichtiger ist auch eine klare Identifizierbarkeit ohne unnötige Missverständnisse in der Schreibweise. Nichts gegen indianische Namen, aber irgendwie ist es verständlich, dass der Internetversand unter www.canandaiguagifts.com nicht erfolgreich war.

Selbst der Internetpionier des Buchversandhandels AMAZON begann zunächst seinen Namen in Deutschland in englischer Aussprache im Hörfunk zu bewerben, woraufhin die Website eines gewissen DJ EMERSON ungewohnt hohe Besucherzahlen verzeichnete. Letztendlich wurde AMAZON in der Radiowerbung nur noch rein deutsch ausgesprochen.

Kapitelfazit:

- **Markennamen, für die das Internet relevant ist – und das sind fast alle – sollten möglichst unmissverständlich zu buchstabieren und ohne schwer zu erratende Zusätze als Internetadresse vorhanden sein.**

Fehlerquelle 9: Namen, die nicht monopolisiert werden können

oder: Was Sauerstoff mit Telekommunikation zu tun hat und welche Farbe der Strom trägt

Im Prinzip kann jeder rechtlich mögliche Name als Markenname eingesetzt werden. Je weniger allerdings der Name nach den allgemeinen Kriterien guter Wahrnehmung und Handhabung geeignet ist, desto höher muss der Kommunikationsaufwand zur Einführung und Durchsetzung sein. Ganz besonders hoch ist dieser Aufwand, wenn der Verbraucher erst einmal umlernen muss, zum Beispiel wenn ein Gasmolekül plötzlich für Telekommunikation stehen soll oder eine Farbe für Strom.

Im Fall der Marke O_2 musste zunächst noch mehr gelernt werden, etwa ob dieser Name als Oh-Zwei, Null-Zwei, Oh-Two oder anders ausgesprochen werden soll. Bei der Energiemarke YELLO hingegen brauchte die Aussprache nicht gelernt zu werden, dafür wurde die Übersetzung „gelb" in der begleitenden Kommunikation gleich mitgeliefert, auch wenn Englischlehrer ein „w" am Wortende vermissten. Zwar lässt sich mit entsprechend hohem Budget auch auf diese Art eine Markenidentität aufbauen; das ultimative Lernziel wird aber niemals erreicht werden: O_2 wird auch weiterhin für das Sauerstoffmolekül stehen, und Gelb wird immer eine Farbe bleiben, die zudem auch von anderen Unternehmen (wie zum Beispiel der Deutschen Post AG) genutzt wird.

Zwar wurde der Marke O_2 im Jahr 2005 der Deutsche Marken-Award verliehen (in der Kategorie „beste neue Marke" – nicht etwa „bester Markenname") – bedenklich ist allerdings, dass es unter den Mitnominierten eine Getränkemarke mit Namen ACTIVE O2 gab.

So etwas passiert immer dann, wenn man als Markennamen Begriffe wählt, die sich nicht monopolisieren lassen. Das Gleiche gilt für beschreibende Begriffe, bei denen dann allerdings das Umlernen entfällt. Gemeint sind Namen wie zum Beispiel FITNESS COMPANY. Hier weiß man sofort, was gemeint ist, also eigentlich eine prima Sache. Der Haken liegt darin, dass sich ein solcher Begriff nicht als Wortmarke schützen lässt und damit anderen nicht untersagt werden kann, ihn ebenfalls zu nutzen. Es lässt sich also kaum vermeiden, dass das Studio Meier oder Müller mit dem Untertitel IHRE FITNESS COMPANY wirbt. Umfassend schützen lässt sich nämlich nur das Design des Schriftzuges in Form einer Wort-Bild-Marke.

Das Markenrecht bietet eines der ganz wenigen legalen Monopole. Es ist ein Ausschlussrecht, das es ermöglicht, andere von der Nutzung eines bestimmten Namens oder Kennzeichens auszuschließen. Das funktioniert – ohne an dieser Stelle zu sehr in juristische Details einzusteigen – im Großen und Ganzen nur dann, wenn der gewählte Name nicht beschreibend im Hinblick auf das zu bezeichnende Produkt oder die Dienstleistung ist (vgl. MarkenG § 8 – absolute Schutzhemmnisse).

Abstrakte Namen wie OWAYO (Sportmode) oder OMO (Waschmittel) sind am leichtesten monopolisierbar, aber auch generische Kunstwörter wie SMETT (streichfähige Mettwurst) oder JOBST (Jogurt mit Obst) lassen sich als Wortmarken eintragen.

Lexikalische Begriffe hingegen können nur bedingt monopolisiert werden, sie können zwar geschützt werden, aber nur dann, wenn diese Begriffe nicht das beschreiben, was sie bezeichnen sollen. So darf zwar ein Kleinwagen FIESTA heißen, ein Partyveranstalter aber nicht (vgl. auch Kapitel „Wie erstelle ich ein Positionierungsprofil ...“).

Wenn man bereit und in der Lage ist, viel Geld in den Aufbau einer neuen Marke zu investieren, dann wird diese Marke umso wertvoller werden, je einzigartiger und das heißt auch: je monopolistischer der Markenname ist.

Der börsennotierte Pay-TV-Sender PREMIERE zum Beispiel trägt einen schönen Namen. Allerdings lässt sich auch dieser Begriff nicht monopolisieren. So kann auch jeder andere Sender ebenso wie jedes Theater oder auch jeder Autohändler seine PREMIERE feiern und dies auch öffentlich so ankündigen. Das heißt wenn aus dem Zusammenhang heraus das Wort PREMIERE fällt, muss man nicht zwangsläufig an den TV-Sender denken. Anders ist es bei VOX, auch wenn dies ein lexikalischer Begriff ist – aber eben ein lateinischer, der in der Alltagssprache kaum verwendet wird. So steht VOX in Deutschland für nichts anderes als das betreffende TV-Programm.

COCA-COLA, die gemeinhin wertvollste Marke der Welt, wäre nie so erfolgreich geworden, wenn sie einen rein beschreibenden, nicht-monopolisierbaren Namen getragen hätte.

Natürlich gibt es auch extrem erfolgreiche Marken, die lexikalische Begriffe als Namen tragen. Denken wir zum Beispiel an den Sportartikelhersteller PUMA. Nun ist allerdings die Population von Pumas in Europa und anderswo ähnlich gering wie die von Jaguaren, so dass beide Tierarten zwar nicht sprachlich monopolisiert werden können, aber dennoch eine relative Alleinstellung genießen.

Wenn also jemand sagt, „Ich habe mir einen JAGUAR gekauft", wird der Zuhörer in der Regel vermuten, dass es sich um ein Automobil handelt und nicht um eine Raubkatze. Beide Namen, PUMA und JAGUAR, enthalten allerdings einen Bezug zu den Produkten: Sei es die Dynamik, die Samtpfoten oder die Kraft der Raubkatzen, die sich sowohl auf Sportschuhe als auch auf leistungsstarke Automobile übertragen lassen.

Durch diese Produktbezüge unterscheidet sich diese Art der Markennamen von den eingangs erwähnten „Umlern-Namen" wie etwa YELLO oder O_2. Auch wenn letzterer mit imaginären Luftblasen beworben wird, ist ein Zusammenhang zwischen Telefon und Sauerstoff eher schwer zu verstehen.

Kapitelfazit:

- **Namen, die ein „Umlernen" erfordern, müssen aufwendiger kommuniziert werden als eigenständige Namen.**
- **Namen, die monopolisiert werden können, sind stärker, weil sie eine höhere Alleinstellung garantieren.**

Fehlerquelle 10: Unlogische und einengende Namenssysteme
oder: Von Volkswagen, Volksempfängern und Lipobay

Viele Markensysteme waren früher irgendwie einfacher. Von OPEL gab es einen KADETT, einen REKORD einen KAPITÄN und einen ADMIRAL. Der REKORD passte dienstgradmäßig zwar nicht so ganz (entsprang er doch dem Modellnamen OLYMPIA, der im Vorfeld der Olympischen Spiele 1936 auf den Markt kam und in den fünfziger Jahren über den Namen OLYMPIA-REKORD zum REKORD mutierte), dafür gab es später noch einen DIPLOMAT und einen COMMODORE. Das war vor dem Zeitalter der Globalisierung in einer Ära des überschaubaren Wettbewerbs. Die Modelle ließen sich einfach zuordnen, und auch Rangfolgen waren klar erkennbar. In den Siebzigern des letzten Jahrhunderts begann diese Ordnung sich langsam aufzulösen. Und als FORD einen CONSUL herausbrachte, hätte das vom Namen her ja auch ein kleiner oder großer Bruder des OPEL DIPLOMAT sein können.

Während im automobilen Bereich die meisten Dachmarken entweder aus Eigennamen (wie FORD, OPEL, DaimlerChrysler, TOYOTA, FERRARI oder CITROËN) oder aus Herkunftsnamen (wie BMW, DKW) sowie aus lateinischen Ableitungen (AUDI, VOLVO) entstanden sind, gibt es unter den Großen der Branche nur eine Marke mit einer direkt beschreibenden Aussage im Namen.

Der Name stammt bekanntlich aus der Zeit des Volksempfängers und der Volksgemeinschaft, und trotz seiner politisch nicht ganz unumstrittenen Herkunft traf der Name den Nagel voll auf den Kopf: Der VOLKSWAGEN war tatsächlich ein Wagen fürs Volk. Ob allerdings das wenig erfolgreiche Oberklassemodell PHAETON, das 2002 auf den Markt gebracht wurde, noch ein „Volks"-Wagen ist, wurde selbst von Insidern des Unternehmens bezweifelt. Hier passen Produkt, Modellbezeichnung und Dachmarke nur sehr bedingt zusammen.

Aus heutiger Sicht ist der Name Volkswagen auch unter anderen Aspekten problematisch. So warb im Jahr 2002 die Marke SMART in einer Anzeigenkampagne mit dem Claim „der neue Volkswagen" und Fujitsu-Siemens mit einem Volks-PC. In Kooperation mit der BILD-Zeitung werden gar Volks-Kredite und Volks-Betten vertrieben.

Wenn auch die kurze Kampagnendauer von Smart auf massive Abwehrschlachten der Volkswagen-Rechtsabteilung schließen lässt, so bleibt der Name an sich nicht ganz ohne Makel. Im Januar 2005 begann sogar die zum Volkswagenkonzern gehörige Marke SEAT selbst mit einem VOLKS-SEAT zu werben.

Sicherlich wäre es töricht und eine ungeheuere Vernichtung von Markenkapital, wenn man den Markennamen VOLKSWAGEN ändern wollte. Strategien, wie sie zum Beispiel TOYOTA mit seiner Nobel-Marke LEXUS fährt, wären für die Einführung eines Oberklasse-Fahrzeugs von Volkswagen überlegenswerter gewesen, zumal der Konzern bereits eine ganze Reihe von Nobelmarken (wie zum Beispiel BENTLEY und BUGATTI) sein eigen nennt.

Inzwischen hat es die Volkswagen AG in anderen Bereichen geschafft, die beschriebenen Nachteile des generischen Namens umzukehren. In einer Werbung für das kleinste und kostengünstigste Modell Fox in den Jahren 2005 und 2006 heißt es: „... dieses Mal haben wir vor allem über eins nachgedacht – unseren Namen. Der Fox. Echt Volkswagen."

Neben dem im Falle von Volkswagen problematischen Versuch des Marken-Upgrades durch Edelmodelle gibt es auch Downgrade-Effekte, wenn Dachmarke und Produktname nicht zusammenpassen. Die Marke LICHER-Bier konnte sich beispielsweise über Jahre klar als Premium-Pils positionieren.

Im Rahmen eines Nischenmarketings sollte auch das Segment der Bier-Mischgetränke besetzt werden. Das Ergebnis war ein Cola-Bier-Mischgetränk mit dem Namen Licher X^2. Abgesehen davon, dass dieser Name äußerst unhandlich ist, hat er keinerlei Premium-Ausstrahlung. Derartige Namensstrategien bilden Gefahren negativer Imagetransfers auf die Dachmarke. Markenarchitekturen sind sensible Gebilde. Ein falsch gesetztes tragendes Element kann die Gesamtmarke zum Einsturz bringen. Auch ein Zuviel an konstanten Stilelementen beim Aufbau von Markenfamilien kann große Probleme erzeugen.

Nehmen wir zum Beispiel die Pharma-Sparte von BAYER. Mit Produktnamen wie BAYCILLIN, CIPROBAY und vielen anderen BAY-Komponenten versuchte man über viele Jahre hinweg, einen starken Dachmarkenbezug herzustellen.

Sobald allerdings ein Produkt in der Öffentlichkeit Probleme erzeugt – wie im Falle von BAYER mit dem Arzneimittel LIPOBAY geschehen – werden dadurch negative Imagetransfers auf andere Produkte des Unternehmens – und vor allem auf die Dachmarke selbst – ausgelöst, die gravierende Folgen – bis hin zu negativer Börsenbewertung – haben können.

Außerdem ist in einem Zeitalter der schnellen Eigentümerwechsel eine Ankoppelung der Dachmarke an einzelne Produktmarken auch dann hinderlich, wenn sich der Name der Dachmarke ändert, wie das Beispiel der Umwandlung von Hoechst und Rhône-Poulenc zunächst in AVENTIS und nur kurze Zeit später in AVENTIS-SANOFI eindringlich gezeigt hat

Kapitelfazit:

- **Zu enge Anbindungen von Produktmarken an eine Dachmarke können ungewollte Imagetransfers auslösen.**
- **Markensysteme sind sensible Gebilde, die durch die Beschädigung einzelner Bestandteile zum Einsturz gebracht werden können.**

Fehlerquelle 11: Verschiedene Markeninhalte unter einem Namen

oder: Eine Marke mit zwei Gesichtern

Woran denkt der durchschnittliche Mitteleuropäer, wenn er das Wort CHEVROLET hört? Nun, in der Regel werden ihm „Straßenkreuzer" einfallen, riesige Schlachtschiffe der Landstraße, oder – wenn er schon einmal in New York City war, vielleicht die gelben CHEVROLET CAPRICE, die zu Tausenden als Taxis die Straßen der Stadt bevölkern. Weniger automobilistisch Interessierte haben aber auch schon mal vom Chevi gehört, der in zahlreichen amerikanischen Filmen und Songs Teil des „American Way of Life" ist.

Das sollen wir nun alles vergessen, zumindest in Europa. Jedenfalls ist das der Wunsch vom GM (General Motors), der Inhaberin der Marke CHEVROLET. Nach dem Aufkauf der koreanischen Marke DAEWOO soll die vornehmlich aus Klein- und Kleinstwagen bestehende Modellpalette ab 2005 unter der Dachmarke CHEVROLET auf Käufersuche gehen. Von „Seifenkisten zu Straßenkreuzern" betitelte dazu ein großes deutsches Nachrichtenmagazin den verordneten Imagewechsel. Nun war DAEWOO keine sonderlich intensiv eingeführte Marke, wenn auch allein die Einführungskampagne Mitte der neunziger Jahre schon sehr aufwendig war, weil sie erst einmal die Aussprache des Namens vermitteln musste.

Ein Namenswechsel zusammen mit dem Besitzerwechsel als Aufbruchssignal war also durchaus überlegenswert. Ob die Entscheidung von GM, dafür den Namen CHEVROLET zu wählen, allerdings besonders geschickt war, darf bezweifelt werden. Das mögliche Argument, dass mit der Marke ganz unterschiedliche territoriale Märkte bedient werden, zählt nur bedingt. Im Zeitalter der Globalisierung, des Massentourismus und des Internets, lassen sich keine scharfen Trennungslinien für Markeninhalte mehr ziehen.

Es ist schwer zu erklären, warum man unter www.chevrolet.com Straßenkreuzer, Pick-up-Trucks und große Geländewagen findet, während unter www.chevrolet.de lediglich Kleinwagen und kleine Mittelklassefahrzeuge anzutreffen sind, die weder optisch noch technisch Ähnlichkeiten mit den amerikanischen Fahrzeugen aufweisen.

Dabei hätte es für einen Markenwechsel nicht einmal eines neuen Namens bedurft, denn GM ist Besitzer zahlreicher Marken, die – im Gegensatz zu CHEVROLET – nicht mehr aktuell benutzt werden. Dazu zählen u. a. OLDSMOBILE, PACKARD und demnächst wahrscheinlich auch BUICK.

Ob diese Namen per se geeignet wären, DAEWOO zu ersetzen, sei dahingestellt. Aber sie wären zumindest besser als ein Name, der in anderen Ländern für andere Produkte genutzt wird – und dann noch derart bekannt und klischeehaft besetzt ist wie CHEVROLET.

Namensgeber war übrigens Louis Chevrolet (1878–1941), der im Schweitzer Jura geboren wurde und dann über Kanada in die USA auswanderte. Er verdiente sein Geld als einer der ersten Autorennfahrer und konstruierte 1911 mit Partnern sein erstes eigenes Automobil unter seinem Namen CHEVROLET, der aus dem Französischen übersetzt etwa „Ziegenmilch" bedeutet.

Meuterei auf dem Bounty

Es gibt weitere Beispiele für wenig sinnvolle Namensdopplungen – allerdings von unterschiedlichen Unternehmen. Nachdem in Deutschland über Jahrzehnte hinweg ein Schoko-Kokosriegel mit dem Namen BOUNTY (von MASTERFOODS) etabliert war, brachte PROCTER & GAMBLE ein Küchenwischtuch mit dem gleichen Namen auf den Markt. Ebenso war es nicht unbedingt ein Geniestreich von NESTLÉ, einen Schokoriegel mit dem Namen KITKAT bei gleichzeitiger hoher Bekanntheit des Katzenfutters KITEKAT (auch von MASTERFOODS) in Deutschland zu vertreiben.

Schokoriegel scheinen irgendwie dafür prädestiniert zu sein, zum Namensvorbild für andere Produkte zu werden, heißen doch auch die Kleinkinderprodukte von LEGO seit geraumer Zeit DUPLO ebenso wie ein Schokoriegel von FERRERO.

Einige mögen vielleicht sagen: „Wo ist das Problem? Alle genannten Produkte laufen doch ganz gut." Das Problem liegt auch nicht in einer mangelnden Akzeptanz der jeweiligen Namen; vielmehr muss aber derjenige, der mit einem gleichen oder sehr ähnlichen Namen als zweiter auf den Markt kommt, mehr für die Kommunikation aufwenden, allein schon um sich abzugrenzen. Wenn man das Wort BOUNTY im Radio hört, ist keineswegs direkt klar, ob es sich um Süßigkeiten oder Küchentücher handelt. Und keiner kann den jeweiligen Namen für sich monopolisieren.

Kapitelfazit:

- **Jeder Markenname sollte idealerweise überall für die gleichen Inhalte stehen.**

Fehlerquelle 12: Unzureichend recherchierte Namen oder: Wie Namenskonflikte Unternehmen ruinieren können

Jeder große Markenartikler hat mit rechtlichen Markenkonflikten zu tun. Das lässt sich bei der Inflation an Markennamen (2006 weltweit zirka 25,5 Mio. registrierte Marken) und immer aggressiveren Angriffs- und Verteidigungsstrategien der Rechtsabteilungen kaum vermeiden. Allerdings kann man das Risiko derartiger Konflikte drastisch minimieren, wenn man vor einer neuen Markeneinführung gründlich und professionell nach möglichen älteren Rechten recherchiert. Seriöse Schätzungen gehen von Schäden und Schadenszahlungen aufgrund von Markenkonflikten von weit über 1,2 Mrd. Euro pro Jahr allein in Deutschland aus; nicht mitgerechnet sind dabei die Fälle direkter Markenpiraterie.

Ganz wird sich diese Zahl nicht im Detail belegen lassen, da derartige Tatbestände in der Regel zu den großen Betriebsgeheimnissen jedes Unternehmens gehören. Keiner gibt gerne Fehler zu, und außergerichtliche Einigungen werden zumeist mit entsprechenden Stillschweigeabkommen verbunden.

Ab und zu dringen aber doch Meldungen an die Öffentlichkeit, die auch Außenstehende ahnen lassen, welche Summen dabei im Spiel sind. So wurde bekannt (vgl. Die Welt/dpa vom 14.01.2003) dass sich VOLKSWAGEN vor der Einführung seines Modells TOURAN mit einer kleinen Autowerkstatt in Hamburg auseinander setzen musste, die einem türkischen Mitbürger namens ALI TURAN gehörte. Dieser hatte im Dezember 2000 geschickterweise seinen Namen als Marke für Kraftfahrzeuge und deren Reparatur registrieren lassen.

Für die Duldung des phonetisch gleichen VOLKSWAGEN-Namens TOURAN soll Herr Turan laut Tagespresse einen sechsstelligen Betrag plus diverse Volkswagen-Modelle erhalten haben. Man kann sich vorstellen, wie teuer eine derartige Markenkollision gewesen wäre, wenn statt einer kleinen Autowerkstatt ein großer Mitbewerber der Gegner gewesen wäre.

Die Erfahrung lehrt, dass – je nach Nutzungs- und Länderumfang – bei der Suche nach einem einzigen neuen Markennamen nur ein bis zwei von einhundert frei erfundenen Vorschlägen überhaupt als rechtlich unproblematisch eingestuft werden können. 98 bis 99 Prozent weisen demnach konfliktträchtige Identitäten mit oder Ähnlichkeiten zu älteren Marken- oder sonstigen Namensrechten auf.

Das Konfliktpotenzial wird umso größer, je mehr Länder und je mehr Markenklassen für den zu überprüfenden Namen relevant sind. Besonders hoch ist die Konfliktquote beispielsweise bei Pharmamarken. Das Problemfeld betrifft nicht nur große Markenartikler, sondern ganz besonders häufig auch Existenzgründer. Wie wenig Gedanken sich diese oftmals zum Thema Namen machen, dokumentiert eine Studie des VDI aus dem Jahr 2001 (VDI/C4 Consulting/WHU, Wissenschaftliche Hochschule für Unternehmensführung, Vallendar: Start-up-Befragung zur Bedeutung der Unternehmensmarke/Corporate Branding; Summary-Veröffentlichung: W&V-online 12.06.2001). Darin wurden ca. eintausend Start-up-Unternehmen untersucht und festgestellt, dass etwa ein Viertel dieser Unternehmen innerhalb der ersten zwölf Monate ihres Bestehens gezwungen wurde, den ursprünglichen Namen zu ändern.

Zuweilen warten ältere Rechteinhaber oder deren Anwälte mit entsprechenden Abmahnungen so lange, bis ein Existenzgründer sich etabliert hat und umso erpressbarer wird. Ein derartiger Konflikt, bei dem der Inhaber älterer Rechte immer auf Unterlassung und möglicherweise auf Schadensersatz klagen kann, kann sehr schnell die gesamte Existenz eines kleineren Unternehmens ruinieren.

Kapitelfazit:

- **Recherchefehler vor einer Namenseinführung können sehr teuer werden. Wer nicht ausreichend recherchiert, handelt grob fahrlässig!**

Der Prozess der Namensentwicklung

Wer braucht Markennamen?

Auch regionale kleine und mittelständische Betriebe können mit eigenen Markennamen punkten.

Denkt man allgemein an Markenamen, soll fallen einem zunächst internationale Marken wie Coca-Cola, Mercedes oder Nivea ein. Es wäre aber fatal anzunehmen, eine professionelle Namens- und Markenpolitik sei nur etwas für Großunternehmen.

Welchen Erfolg auch und gerade für kleine Betriebe eine konsequente Markenpolitik haben kann, verdeutlicht ein Experiment, das in Rheinland-Pfalz von einem mittelständischen Bäckerbetrieb mit 12 Verkaufsstellen durchgeführt wurde.

Die Bäckerei bot in zwei Verlaufstellen mit vergleichbarer Kundenstruktur und Käuferfrequenz das gleiche Brot in gleicher Präsentationsform zum gleichen Preis an. Nur wurde es in der einen Filiale als „natürliches Roggenbrot" angeboten und in der anderen als ROXXA, jeweils zusammen mit den gleichen Produktinformationen. In der Testwoche wurden von dem nur als „Roggenbrot" ausgeschilderten Produkt 87 Brote verkauft und vom inhaltlich und optisch identischen Produkt ROXXA 147 Stück, also mehr als 150 Prozent.

In der Folge wurde dieses spezifische Roggenbrot in allen Filialen nur noch unter dem neuen Namen angeboten. Obwohl sich die Werbemaßnahmen dafür im Wesentlichen auf den Point of Sale beschränkten, erhöhte sich der Absatz dieses Produktes auch mittelfristig um etwa dreißig Prozent.

Allerdings macht der Name allein noch keine Marke aus. Wenn für eine Marke die Unterscheidung von anderen im Vordergrund steht, so ist ein Name dafür der erste und wichtigste Schritt. Dafür sind weitere Differenzierungsmerkmale hilfreich und notwendig, und wenn sie auch noch so klein sind. Im Falle des ROXXA-Brotes war dies auch die Form des Brotes. Es wurde in einer ungewöhnlichen, dreieckigen Form präsentiert. So kann der Kunde auch im regionalen Bereich eine bessere Markenbeziehung aufbauen, indem der Name ROXXA und die Form Dreieck für ihn ebenso eine leicht zu lernende Einheilt bilden wie im großen Rahmen etwas die Marke MILKA mit der Farbe Lila und der lila Kuh.

Der mittelständische Hemdenhersteller Van Laak aus Mönchengladbach zum Beispiel benutzt als wichtiges Merkmal seiner Markenstrategie einfach Knöpfe mit drei Löchern. Scheinbar unwichtig, tatsächlich aber Erkennungsmerkmal der Marke Van Laak.

Auch der Namen des Unternehmens selbst kann im Mittelstand Mittel zum besseren Markterfolg sein. Insbesondere der Abschied von einem Familiennamen kann das Image positiv verändern. So beauftragte das mittelständische Unternehmen RUBERG MISCHTECHNIK aus Paderborn die Namensagentur Endmark mit der Entwicklung eines neuen Namens. Der Name Ruberg war der Familienname des Gründers des Unternehmens, das 1983 begann, Mischer und Trockner für Granulate, Pulver, Suspensionen und Pasten etc. herstellt. Zwanzig Jahre später engagierte sich das Unternehmen auch im Ausland, speziell in den USA, und musste feststellen, dass dort der eigene Name eher hinderlich als förderlich war. Seit 2003 heißt das Unternehmen nun AMIXON und ist international erfolgreicher. Und sollte dieses Unternehmen einmal verkauft werden wollen, so lässt sich mit einem personenunabhängigen Namen in der Regel auch ein besserer Preis erzielen (vgl. Kapitel Fehlerquelle 3).

Der Vorteil eines einzigartigen und guten Markennamens gilt für alle Betriebsgrößen – vom Einpersonen-Dienstleister über die Gaststätte an der Ecke und den lokalen Handwerksbetrieb bis hin zum multinationalen Konzern. Dabei ist es gleichgültig, ob es sich um den Endverbrauchermarkt oder den Business-to-Businessbereich handelt.

Kapitelfazit:

- **Markennamen sind für jede Unternehmensgröße relevant.**

Womit soll man anfangen?
Das Ei-Huhn-Problem: Erst der Name oder erst das Produkt?

Bei technischen Innovationen wird man in der Regel zuerst mit einem Produkt oder einem Service konfrontiert, aus dem dann eine Marke gemacht werden kann. Dazu benötigt man im ersten Schritt einen Namen. Bei einer Vielzahl von speziell sehr marketing-intensiven Produkten, empfiehlt es sich durchaus, in der umgekehrten Reihenfolge vorzugehen. Gemeint sind etwa Parfüms und Kosmetika, Zigaretten, Süßwaren, Modelabels und sonstige Lifestyle-Produkte. In diesen Produktkategorien spielt die Detailpositionierung eine ganz besonders wichtige Rolle.

Wenn Sie zum Beispiel in Deutschland eine typisch italienische Zigarette auf den Markt bringen wollen, spielt letztendlich der Name eine wichtigere Rolle als die Tabakmischung. Ähnliches gilt für Eiscreme oder Düfte. Da es nicht allen Markenartiklern recht ist, publik zu machen, dass ihr Produkt auf einen Namen hin entwickelt wurde, ist es wegen der verbreiteten Praxis der Geheimhaltung schwierig, hierzu konkrete Praxisbeispiele nennen. Aber in den genannten Branchen, zu denen auch die Getränkeindustrie zählt, kommt diese Reihenfolge sehr häufig vor und dokumentiert unter Marketinggesichtspunkten ganz klar die professionellere Vorgehensweise.

Wenn Sie auf ein klares Positionierungsprofil hin zuerst einen passenden, monopolisierbaren und den zuvor genannten Kriterien entsprechenden guten Namen entwickeln, haben Sie viel eher die Chance, eine Einheit von Name, Produkt und Design zu kreieren – und somit eine rundum starke Marke.

Quasi gänzlich ohne Produktvorgabe wurde zum Beispiel die bereits zuvor erwähnte Kinder- und Lizenzmarke TOGGO entwickelt. Erst auf den Namen hin erfolgte ein Logo-Design und erst danach wurden Medieninhalte geschaffen und zugeordnet, um letztendlich konkrete Produkte unter TOGGO zu etablieren und auch Marken-Extensions wie etwa TOGGO-LINO (für Vorschulkinder) zu ermöglichen.

Unter diesem Aspekt kann man mit Recht behaupten, dass der Name in vielen Fällen wichtiger ist als das Produkt. Wenn man diese These auf die Marke ausweitet, wird sie noch nachvollziehbarer. Die Marke Coca-Cola wurde vom US-Wirtschaftsmagazins Business-Week im Jahr 2005 mit rund 70

Mrd. Dollar bewertet. Das ist ein Vielfaches dessen, was die entsprechenden Fabriken und Abfüllanlagen des Unternehmens wert sind.

Um keine Missverständnisse aufkommen zu lassen: Natürlich funktioniert ein schlechtes Produkt langfristig nicht nur aufgrund eines guten Namens. Allerdings verkauft sich ein – anderen gegenüber – gleich gutes Produkt besser mit einem besseren Namen. Um die Entstehungsreihenfolge aber komplett zu machen, darf nicht vergessen werden, dass vor dem Produkt und vor dem Namen noch etwas anders stehen muss: nämlich eine gute Idee – ohne die weder Name noch Produkt Erfolge haben können.

Kapitelfazit:

- **Manchmal ist es sinnvoller, erst den Namen und dann das Produkt zu entwickeln.**

Wann sollte ein Markenname geändert werden? Markenvernichtung oder neue Marktchancen?

Die Änderung von Markennamen zählt zu den Marketingentscheidungen, die am sorgfältigsten überdacht werden sollten, weil mit jeder Namensänderung Markenkapital vernichtet wird. Für Namenswechsel gibt es viele bekannte Beispiele:

Die Verwandlung von RAIDER in TWIX

Bis heute sind von der Firma MASTERFOODS (ehemals Mars) keine konkreten Angaben darüber zu erhalten, was die Umbenennung von RAIDER in TWIX 1990 in Deutschland gekostet hat und wie viel etwaige Mehreinnahmen mit dem neuen Namen erzielt worden sind. Der Grund für den Namenswechsel lag in einer vom Hersteller angestrebten weltweiten Markenharmonisierung, denn das gleiche Produkt wurde in etwa 30 Prozent der Märkte unter RAIDER und in rund 70 Prozent als TWIX vertrieben.

Einen definitiv großen Schaden hingegen erlitt PROCTER & GAMBLE bei einer ähnlichen Aktion. Mit einem Riesenwerbeetat wurde 1992 das Spülmittel FAIRY (= engl. Zauberin) in Deutschland eingeführt. Zeitgenossen erinnern sich noch an „Villa Riba“ und „Villa Bacho“, die im Werbefernsehen rivalisierenden Dörfer, von denen das mit dem Spülmittel FAIRY eher mit dem Massenspülen fertig war. Nicht zuletzt dieser massive Medieneinsatz katapultierte FAIRY zur Marktführerschaft in Deutschland. In den USA hieß das gleiche Produkt seit langem DAWN (= engl. Morgendämmerung).

Nach dem Motto „one world – one brand“ beschloss PROCTER & GAMBLE, ab dem Jahr 2000 das betreffende Spülmittel auch in Deutschland unter dem Namen DAWN statt FAIRY anzubieten. Daraufhin sackte der Marktanteil dermaßen in den Keller, dass selbst in der US-Zentrale die Alarmglocken schrillten, schließlich ist Deutschland für PROCTER & GAMBLE der drittwichtigste Markt der Welt. Anders als im Falle von RAIDER und TWIX folgte als Ergebnis nach eineinhalb Jahren Krisendiskussion doch der Relaunch von FAIRY. Danach sind die Marktanteile wieder kräftig gestiegen.

Der aufmerksame Leser könnte jetzt einwenden, dass im ersten Teil dieses Buches unter anderem am Beispiel CHEVROLET dafür plädiert wurde, dass unter einem Markenamen möglichst weltweit die gleichen Produkte vertrieben werden. Das bleibt auch richtig, aber es schließt nicht aus, dass aus sprachlichen, kulturellen oder traditionellen Gründen ein Produkt in verschiedenen Ländern unter unterschiedlichen Namen rangiert – wäre allerdings FAIRY in Deutschland ein Spülmittel und in Frankreich ein Softdrink, dann wäre dies weniger gut.

Der Marken-Postraub von England

Große Probleme kann es dann geben, wenn man etwas sehr Vertrautes und sehr Bekanntes umbenennt, ohne den Kunden plausible Gründe dafür zu nennen und ohne die praktische Handhabung zu testen. Einer der größten Markenflops des Vereinigten Königreiches war wohl die Umbenennung der Post im Rahmen ihrer Privatisierung in CONSIGNIA. Unternehmensberater hatten zu dieser Umbenennung geraten, weil Post Office Group wie auch Royal Mail zu altertümlich klängen und moderne Dienstleistungen wie Logistik und Call-Center sich darunter nicht wiederfinden könnten.

Abgesehen davon, dass sich Verbraucher und Presse von der Umbenennung überfahren fühlten (einige Zeitungen sprachen vom größten „Postraub" der Geschichte), hätte man den Namen mal in der Praxis testen sollen. Wer sagt schon lieber „Ich gehe jetzt zu Consignia" statt „Ich gehe jetzt zur Post"? Dies war nur einer der Gründe, warum der neue Name nur vier Monate (von Januar bis Mai 2002) Bestand hatte.

Der Zwang zum neuen Namen

Allerdings gibt es eine Reihe von Situationen, die im Gegensatz zu den freiwilligen globalen Harmonisierungen eine Umbenennung unumgänglich machen. Zu den eher politischen Gründen zählen Fusionen, wenn keiner der Fusionspartner bereit ist, seinen Namen aufzugeben wie etwa 1996 beim Zusammenschluss von CIBA und SANDOZ zu NOVARTIS.

Aber auch Übernahmen können zum Namenswechsel zwingen: So zum Beispiel geschehen, als ein amerikanisches Konsortium die Telekommunikationssparte von BOSCH übernahm. Dieses Unternehmen, das einst unter dem Namen TELENORMA von BOSCH übernommen und in BOSCH TELECOM umbenannt wurde, durfte den Namen BOSCH nicht weiterführen. Der in der Folge entwickelte neue Name TENOVIS ist übrigens für die Belegschaft eine Replik auf TELENORMA (quasi als „Neue TELE-

NORMA"). In der Außenkommunikation wurde jedoch bewusst auf Anspielungen an eine Retromarke verzichtet, weil dies im Bereich Technik eher kontraproduktiv wäre (denn derjenige, der sich an TELENORMA-Geräte erinnert, verbindet damit aus heutiger Sicht eher museale Apparate als moderne Technik). Durch eine weitere Übernahme wurde inzwischen aus TENOVIS jetzt AVAYA-TENOVIS. Da aber – anders als zuvor bei BOSCH – kein anderer Unternehmenszweig unter gleichem Namen und anderen Besitzverhältnissen verblieben ist, konnte zumindest der Namensbestandteil TENOVIS erhalten bleiben.

Weitere Gründe für Namenswechsel können in einer Neuausrichtung eines Unternehmens liegen, die mit dem alten Namen nicht oder nur schwer zu vollziehen ist. Ein signifikantes Beispiel bildet die bereits erwähnte Umbenennung der Bertelsmann Industrie AG in ARVATO AG.

Abgesehen davon, dass man den Begriff „Industrie" eher mit „Schwerindustrie" in Verbindung bringt, war es in diesem Fall so, dass die industriellen Sparten des Unternehmens, wie zum Beispiel die Papierherstellung und Tiefdruckereien, weniger rasch wuchsen als Bereiche wie Distribution und Beratungsleistungen. Diese waren aber im Neugeschäft schwer mit einem „Industrie-Namen" zu verkaufen.

Natürlich können auch andere Probleme mit einem existierenden Namen – seien es Übersetzungsprobleme in neuen Märkten oder negative Imagetransfers – die Entscheidung rechtfertigen, einen neuen Namen zu implementieren.

Der Name als Opfer

So stark Namen gegenüber Bildern auch sind, so sensibel sind sie auch und so leicht können sie „verbrennen". Beispiele für verbrannte Namen gibt es bei Personen, Städten und Produkten gleichermaßen: Nach 1945 gab es kaum noch Männer, die den Vornamen „Adolf" trugen (umgekehrt wissen wir, wenn jemand Adolf heißt, dass er in der Regel vor Mai 1945 geboren wurde). Die Marke Solingen wurde durch einen Brandanschlag 1993 stark beschädigt, wenn auch nicht ganz so stark wie beispielsweise die Marke Contergan, die durch die Missbildungen des sie bezeichnenden Arzneimittels als völlig verbrannt eingestuft werden kann. Auf lange Zeit dürfte es zudem schwer werden, unter dem Namen MOSHAMMER Mode zu verkaufen, nachdem der Namensgeber unter widrigen Umständen zu Tode kam.

Andere, nicht beeinflussbare Umstände können ebenfalls einen Markennamen beschädigen und Umbenennungen erzwingen. So sank beispielsweise in den achtziger Jahren der Umsatz der Diät-Süßwaren der US-Marke AYDS um mehr als fünfzig Prozent, nachdem das AIDS-Virus durch die Medien zog, und zwang zur Umbenennung. Ebenso zog TOYOTA nach der Flutkatastrophe vom Dezember 2004 sofort seine Pläne zurück, in Kanada ein neues Model unter dem Namen CELICA TSUNAMI auf den Markt zu bringen.

Opfer der Weiterentwicklung der Political Correctness hingegen wurde beispielsweise die seinerzeit größte amerikanische Kaffeehauskette SAMBO´s, die über tausend Filialen betrieb. Sie versuchte lange mit Macht an dem Namen festzuhalten und ging schließlich doch in Konkurs. SAMBO klingt in amerikanischen Ohren ähnlich wie BIMBO in deutschen und wurde als entsprechend rassistisch empfunden. Hier hätte ein neuer Name die Existenz sehr wahrscheinlich retten können.

Namensvetter und andere Problemverwandtschaften

Sehr problematisch können auch Namensgleichheiten sein. War es vor 20 Jahren noch relativ egal, wenn ein mittelständisches Unternehmen in Bayern den gleichen Namen trug wie eins in Pennsylvania oder in Australien, so kann heute daraus ein Problem erwachsen, insbesondere, wenn diese Unternehmen die gleiche oder eine ähnliche Branche bedienen. Durch das Internet sind die Unternehmen weltweit präsent (unabhängig davon, ob sie zum Beispiel unter einer .de-, .com- oder sonstigen Top-Level-Domain aktiv sind). Damit sind nicht nur rechtliche Probleme gemeint, sondern auch Imageschäden durch Namensvettern.

Ein typisches Beispiel dafür bilden die Firmen MERCK KGaA in Darmstadt und die MERCK & Co. Inc. in St. Paul, Minnesota. Als die US-Firma das Arzneimittel VIOXX vom Markt nehmen musste, gab es sofort besorgte Anfragen und negative Bewertungen der deutschen Firma Merck, die – trotz einer gemeinsamen Familiengeschichte – ein völlig unabhängiges Unternehmen ist. Früher ließen sich Markenterritorien einfacher voneinander trennen, als es im Zeitalter der globalen Kommunikation machbar ist.

Nach der Öffnung des „Eisernen Vorhangs“ führte eine ganze Reihe von Namensgleichheiten zwangsweise zu Umbenennungen. Ein bekanntes Beispiel ist der Konflikt BUDWEISER aus Budvar (Budweis) in Tschechien versus BUDWEISER der Anheuser-Busch-Brauerei aus den USA. Als Folge zahlreicher Rechtsstreitigkeiten darf das Bier des amerikanischen Unternehmens in den meisten europäischen Ländern nicht mehr unter seinem bisherigen Markennamen verkauft werden.

Der falsche Name zur falschen Zeit am falschen Ort

Trotz hoher Aufwendungen ist es zuweilen sinnvoller, einen Namenswechsel vorzunehmen, als einen seit langem einführten Namen „umpositionieren" zu wollen – insbesondere, wenn sich eine Marke schon über Jahrzehnte großer Bekanntheit erfreut.

Wie hartnäckig unser Gehirn sein kann, merken Sie dann, wenn Sie einmal ganz bewusst etwas vergessen wollen. Je mehr Sie sich anstrengen, umso weniger wird es Ihnen gelingen. Wenn Sie zum Beispiel mit dem SONY-WALKMAN aufgewachsen sind, wird die Marke WALKMAN für Sie mit einem mobilen Kassettenspieler verbunden bleiben und es wird sehr schwer fallen, den Namen mit mobilen CD- und MP3-Playern zu assoziieren. Für nachfolgende Generationen, die gar keine Kassettenrecorder mehr kennen gelernt haben, sieht das ganz anders aus.

Je gravierender eine Umpositionierung ausfällt, umso eher sollte über einen neuen Namen nachgedacht werden. So wäre dringend davon abzuraten, unter jeweils gleichem Namen aus ALDI eine exklusive Feinkostmarke oder aus BULGARI eine Schnäppchenmarke zu machen.

In den USA steht XEROX eindeutig für Kopierer, zumal man wie bereits erwähnt sogar von „xeroxing" spricht, wenn man Kopieren meint. Das Unternehmen wollte sich mit Macht und vielen Werbemillionen Anfang der neunziger Jahre als IT-Unternehmen in XEROX DATA SYSTEMS umpositionieren. Vergeblich, XEROX steht immer noch für Kopierer und die IT-Sparte wäre unter einem neuen Namen wahrscheinlich erfolgreicher gewesen.

Kapitelfazit:

- **Umbenennungen vernichten Markenkapital, sind aber manchmal unumgänglich.**
- **Namensvettern werden leicht zu Problemverwandtschaft.**
- **Äußere, nicht beeinflussbare Umstände können zuweilen zu Namensänderungen zwingen.**

Wann und wie kann ein Markenname erweitert werden? Wie weit lässt sich eine Marke dehnen?

Über das Für und Wider von Markenerweiterungsstrategien, zum Teil auch „Markendehnung“ oder „Line Extensions“ genannt, gibt es bereits viele Regalmeter Fachliteratur. Daher soll dieses Thema hier allein unter dem Gesichtspunkt des Markennamens betrachtet werden.

Generell kann man sagen: Je spezifischer ein Markenname ist, umso problematischer ist eine Markenerweiterung (siehe VOLKSWAGEN). Je unspezifischer ein Markenname ist, desto eher kann eine Markenerweiterung in Betracht gezogen werden – immer unter dem zusätzlichen Aspekt, welche Markenwerte mit der Originalmarke verbunden werden.

Das heißt wenn jemand ein stadtbekanntes Hähnchen-Grillrestaurant unter dem Namen GRILLGOCKEL betreibt, wäre es logischerweise nicht ratsam, unter dem gleichen Namen eine Sushi-Bar zu eröffnen. Allerdings wäre das auch dann nicht zu empfehlen, wenn das Hähnchenrestaurant einen neutralen Namen wie ZUR SCHARFEN ECKE trägt, sofern der eingeführte Name beim Publikum speziell für gute Hähnchen steht. Nicht nur die neue Sushi-Bar hätte Glaubwürdigkeitsprobleme, sondern auch die Attraktivität des Stammhauses könnte Schaden nehmen, weil durch das andere Restaurant mit gleichem Namen sein Spezialisten-Image angekratzt wird.

Ein unspezifischer Name ist zum Beispiel NIVEA, selbst wenn er 1912 als lateinische Übersetzung der Farbe (nivea = lat. adj. fem. die schneeweiße ...) ins Leben gerufen wurde. Das wissen aber nur wenige Marken- und Sprachexperten. Der durchschnittliche Verbraucher weiß es nicht, weshalb unter diesem Namen auch bunte (also nicht schneeweiße) Duschgels vertrieben werden können. (Hier gibt es andere Markenwerte wie Natürlichkeit und Pflege, die es zu beachten gilt.)

Dominierend bleibt die Ausgangsmarke immer dann, wenn sie – wie im Falle von NIVEA – nur mit beschreibenden Begriffen verbunden wird (NIVEA-Shampoo, -Sonnenmilch, -Deodorant etc.). Natürlich gibt es trotz eines „neutralen“ Namens Grenzen der Markenerweiterung: NIVEA würde zum Beispiel als Nahrungsmittel niemals funktionieren, weil der Name über fast hundert Jahre nur im Zusammenhang mit Körperpflege gelernt wurde.

Eine ähnliche Erfahrung in der anderen Richtung musste die Marke HEINZ´ machen. HEINZ´ ist bekannt für Ketchup, produziert aber auch seit langem Mayonnaise und Essig. Da erschien es den Markenmanagern logisch, auch einen Essigreiniger unter dem Namen HEINZ´ in den USA auf den Markt zu bringen. Wie der Leser richtig vermutet, floppte das Produkt gewaltig, da HEINZ´ nur als Nahrungsmittel gelernt worden war. Schlimmer (um nicht zu sagen dümmer) war nur noch der Versuch von Colgate-Palmolive unter dem Namen COLGATE´s KITCHEN ENTREES Fertiggerichte auf den Markt zu bringen nach dem Motto: Erst das Colgate-Mahl und dann die Colgate-Zahnpasta. Aber selbst der beste Geschmack von Zahnpasta ließ irgendwie keinen Appetit auf Essen mit dem gleichen Namen entstehen.

Kapitelfazit:

- **Eine hohe Markenbekanntheit allein ist kein ausreichender Grund für Marken(namens)-erweiterungen.**
- **Markenerweiterungen dürfen der Urmarke nicht schaden; das tun sie immer dann, wenn sie eine deutlich veränderte Positionierung kommunizieren.**

Wie erstelle ich ein Positionierungsprofil für einen neuen Markennamen?

Wer wirklich anders sein will, muss auch anders heißen.

Wie positioniere ich meine Marke? Ist einmal die Entscheidung gefallen, eine neue Marke zu entwickeln, so ist dies die wichtigste strategische Frage, die am Beginn jeder Markenpolitik steht und die daher gerade für die Entwicklung eines Markennamens von entscheidender Bedeutung ist. Neben den üblichen Parametern wie Preis, Zielgruppe und Marktziele erhält die Differenzierung durch die USP (Unique Selling Proposition/ einzigartiger Verkaufsvorteil) eine zentrale Rolle, die sich auch im Namen ausdrücken sollte.

Wenn man ehrlich ist, dann existieren objektive, wirklich einzigartige Verkaufsvorteile nur in den seltensten Fällen. Als typische Markeneigenschaften der unterschiedlichsten Produkte in den unterschiedlichsten Branchen werden gerne und immer wieder genannt:

- dynamisch,
- flexibel,
- serviceorientiert,
- wertig,
- nachhaltig und
- individuell.

Diese Liste könnte man branchenspezifisch beliebig ergänzen. Daher muss in den meisten Fällen eine wahrnehmbare Differenzierung marketingtechnisch konstruiert werden, und das fängt mit dem Namen an.

Wie unter „Fehlerquelle 6“ beschrieben, kann eine zu offensichtliche, deskriptive Positionierung über den Namen leicht platt und unglaubwürdig wirken; denn wo zum Beispiel „exklusiv“ draufsteht, ist im seltensten Fall etwas Exklusives drin. Neben der deskriptiv-generischen Schiene gibt es allerdings eine riesige Palette möglicher Positionierungsstrategien, die mit dem Namen beginnen und authentischer wirken.

Um die richtige Strategie entwickeln zu können, bedarf es im ersten Schritt immer einer Analyse der Wettbewerber, und zwar speziell ihrer Namen sowie der Kategorien, denen die Namen jeweils zuzuordnen sind.

So dominieren auf dem deutschen Biermarkt drei Kategorien: Herkunftsnamen (wie Bitburger, Jever, Warsteiner etc.), Familiennamen (Beck´s, Paulaner, Schlösser etc.) sowie Adels- und Klosternamen (Fürstlich Fürstenberg, Franziskaner, Alpirsbacher Klosterbräu etc.). Will man sich in diesem Umfeld neu positionieren, wären zum Beispiel lautmalerische Kunstnamen oder Namen vergangener Volksstämme gute, mögliche Namenskategorien – einer Kombination dieser beiden Richtungen entspricht übrigens der Name KELTS (für ein alkoholfreies Bier).

Für andere Produkte eignen sich vielleicht ethno-kulturelle Positionierungen. Das scheinbar dänische Eis HÄAGEN-DAZS ist eine amerikanische Marke und MUSTANG heißt eine deutsche Jeans. CARLO COLUCCI ist auch kein italienisches Modelabel, sondern ein urdeutsches und RENÉ LEZARD kommt auch nicht aus Frankreich, sondern aus Franken.

Ob eine derartige „landsmannschaftliche" Positionierung Sinn macht, kann man nur anhand der Wettbewerbssituation entscheiden. HÄAGEN-DAZS war die erste überregionale Eismarke mit einem skandinavischen Touch, für den zweiten oder dritten hätte das Verfolgen dieses Klischees keinen Sinn gemacht. RENÉ LEZARD hingegen ist nicht die einzige Modemarke, die „auf französisch" macht.

Die Mode- und Kosmetikbranche spielt bei der Namensgebung eine kleine Sonderrolle, weil wir neben Sprach- und Kulturfeldern auch zwischen originären und artifiziellen Namenslizenzierungen unterscheiden müssen. Originäre Namen beziehen sich auf reale Personen, entweder als Modeschöpfer und Kreative, wie bei KARL LAGERFELD, oder als reine Namenslizenzgeber, wie bei der Sportlerin GABRIELA SABATINI. Dem gegenüber stehen artifizielle Namen, zum Beispiel fiktive Personennamen wie etwa BRUNO BANANI und RENÉ LEZARD.

Kuckucksmarken

Es gibt einige Marken, deren Positionierung ganz bewusst in der Verschleierung ihrer Herkunft liegt. So legen zum Beispiel die Marken ESCADA (Mode) und MONTBLANC (Schreibgeräte) großen Wert darauf, nicht als originär deutsche Unternehmen verstanden zu werden. Diese Positionierungspolitik geht so weit, dass – gut unterrichteten Kreisen zufolge – Veranstaltungen deutsch-ausländischer Handelskammern und des deutschen Wirtschaftsministeriums bewusst gemieden werden, wenn dadurch die deutsche Herkunft offensichtlich wird. Das unterscheidet diese Marken zum Beispiel von HÄAGEN-DAZS; denn die Eiscremehersteller bekennen sich schon auf ihren Websites klar zu ihrer amerikanischen Herkunft und ihrem dortigem Firmensitz.

Neudeutsch nennt man Marken wie MONTBLANC und ESCADA „cuckoo brands". Natürlich lässt sich mit etwas Recherche jeweils der Firmensitz ermitteln und auch das Internet verschweigt nicht die jeweiligen Gründerpersönlichkeiten, aber für den „normalen" Konsumenten ist die Nationalität dieser Marken nicht erkennbar.

Wie die englische Bezeichnung „cuckoo branding" vermuten lässt, ist dies aber kein typisch deutsches Phänomen. Es geht sogar direkter: So gibt es zum Beispiel eine in den USA sehr populäre Badenmodenmarke namens REEF BRASIL. Allerdings stammt die Marke nicht aus Brasilien, sondern wird von zwei argentinischen Brüdern in Kalifornien hergestellt. Ebenso wie die primär in deutschen Shushi-Bars angebotene Biermarke ASIA nicht in Japan, sondern in Tschechien hergestellt wird.

Positionierungsparameter

Da in Europa viele Modemarken französisch oder italienisch klingen, lässt sich auf diesem Markt eine außergewöhnliche Positionierung schon wieder eher mit der Kategorie „deutsch" herstellen, so z. B. ein junges Designer-Label aus Berlin, das sich FIRMA nennt, oder wie WUNDERKIND, die neue Marke von Wolfgang Joop.

Weitere namensrelevante Positionierungskategorien könnten beispielsweise „scheinbar britisch-skandinavische Familiennamen" wie etwa beim Bekleidungshaus ANSON´S sein, oder die „Welt der Physik" als Namenskategorie für den Finanzmarkt wie der Name AMPEGA für eine Fondshandelsgesellschaft.

Zusammenfassend heißt das, ein Positionierungspapier für die Namensentwicklung einer Marke sollte mindestens folgende Informationen enthalten:

- Wie positioniere ich meine Marke preislich im Wettbewerb?
- Welche Zielgruppen will ich mit dem Namen erreichen?
- Welches Image möchte ich mit der Marke aufbauen?

- Wo liegt mein USP?
- In welchen Themenfeldern und/oder Kategorien soll sich der neue Name bewegen bzw. welche Themenfelder sollte ich meiden, da sie bereits vom Wettbewerb besetzt sind?

Kapitelfazit:

- **Am Beginn jeder Namensentwicklung steht eine Listung und Einordnung sämtlich erfassbarer Wettbewerbsnamen.**
- **Ein eigenständiger Name unterscheidet sich nicht nur in Schrift und Klang vom Wettbewerb, sondern auch in Art und Themenfeld, dem er entstammt.**

Welches sind die besten Namensstrategien? Gibt man der Marke Tiernamen – oder doch lieber Götternamen?

Nachdem sich vorausgegangene Kapitel ausführlich mit den möglichen Fehlern bei der Namenswahl befasst haben, ist es nun an der Zeit, die tatsächlichen Optionen zu erörtern, die für die Namensbildung zur Verfügung stehen. Wenn wir einmal Familiennamen und Herkunftsnamen (letztere dürfen heute nur noch sehr bedingt als Marke genutzt werden) außer Acht lassen, dann gibt es streng genommen nur drei Kategorien:

- **Kunstnamen** (künstlich gebildete, bisher unbekannte Namen),
- **lexikalische Begriffe** (Begriffe, die auch im Lexikon zu finden sind),
- **Abkürzungen, Kombinationen, Akronyme und Zahlen.**

Bei den lexikalischen Namen sind wir gesetzlich eingeschränkt, das heißt wir dürfen einen Computer zwar Apple nennen, aber nicht Hand-Computer, und einen Apfelsaft dürfen wir eben nicht Appledrink nennen. § 8 des deutsche Markengesetzes (MarkenG) beschreibt im Detail, welche Art von Wörtern für welche Waren und Dienstleistungen nicht benutzt werden können. Vor allen sind das Begriffe, die beschreibenden Charakter haben.

Der Vollständigkeit halber sei angemerkt, dass es zum einen durchaus Unterschiede in der Schutzwürdigkeit von Wortmarken zwischen Europa und den USA gibt; zum anderen gibt es darüber, was letztendlich beschreibend ist und was nicht, oft unterschiedliche Auffassungen der Gerichte. Der Europäische Gerichtshof gilt dabei bisher gemeinhin als liberaler in der Beurteilung der Schutzwürdigkeit von Markennamen als deutsche Gerichte.

Besonders bekannt ist das so genannte „BABY-DRY-Urteil“ des EuGH vom 20.09.2001 mit Aktenzeichen: C-383/99(3). Darin hat der EuGH festgestellt, dass die Wortkombination BABY-DRY als Gemeinschaftsmarke für eine Einwegwindel einzutragen sei, weil der Schöpfer der Marke eine lexikalische Erfindung gemacht habe. Die Wortverbindung BABY und DRY weise zwar auf die Verwendung des Produktes hin, dennoch sei die Verbindung von BABY und DRY – im Gegensatz zu DRY BABY – eine ungewöhnliche Kombination und kein bekannter Ausdruck der englischen Sprache.

Kehren wir zurück zu den drei Basiskategorien für die Namensbildung: Das mag zunächst sehr einschränkend klingen, aber innerhalb dieser Kategorien existiert ein breites Spektrum an Optionen. In allen Kategorien kann ein Name entweder mehr oder weniger generisch oder eher abstrakt gebildet werden. Zur Erläuterung seinen einige Markennamen beispielhaft aufgeführt, die die Agentur Endmark in den letzten zehn Jahren entwickelt hat:

Kunstnamen

Generisch: COLONEUM ist ein Kunstname, denn diesen Begriff gab es bis zu seiner Erfindung nicht. Trotzdem erinnert er sehr stark and „Köln" (engl. Cologne, span./ital. Colonia, urspr. Colonia Agrippina) und vielleicht auch an „Kolosseum". Bezeichnet wird damit ein großer Film- und Fernsehstudio-komplex in Köln.

Abstrakt: TOGGO hingegen, die bereits erwähnte Kindermarke, bedeutet semantisch rein gar nichts, klingt aber gut und lässt sich – insbesondere von Kindern – leicht merken. Inzwischen bedeutet sie auch etwas: nämlich: „Gute Unterhaltung und lehrreicher Spaß für Kinder"

Lexikalische Namen

Generisch: NEWSTIME heißen die Nachrichtensendungen bei ProSieben. Dieser Titel ist – wenn auch in Englisch – direkt generisch beschreibend. Derartige Begriffe können daher nicht monopolisiert werden und nur sehr bedingt Markenschutz erlangen (in der Regel nur als Wort-Bildmarke).

Abstrakt: JOY´s lautet der Name für ein Apfelsaft-Bier-Mischgetränk, den die Agentur Endmark für die Karlsbergbrauerei entwickelt hat. Die Beziehung des Wortes „Joy" (engl. Freude) zum betreffenden Getränk ist ähnlich abstrakt wie die Beziehung eines Jaguars zu einem Automobil oder eines Pumas zu Sportschuhen.

Abkürzungen, Akronyme, Kombinationsnamen

Generisch: Als generisch lassen sich direkt auflösbare Akronyme bezeichnen, wie etwa der Name des führenden Unternehmens für Identitätspapiere und biometrische Dokumente, SECARTIS (es steht für „Security-Arts-International-Systems") – wobei eine Auflösung ebenso wenig notwendig ist, wie eine Übersetzung für VOX – um die Marke aufzuladen und wieder erkennbar zu machen.

Abstrakt: Abstrakte Akronyme sind einerseits partielle Auflösungen von Abkürzungen (wie etwa TENOVIS, was intern als die „Neue Telenorma“ kommuniziert wurde) oder Abkürzungen, die ein bekanntes Wort ergeben, dessen Bedeutung aber nur in einem abstrakten Zusammenhang mit dem Markeninhalt steht, wie etwa die in der zweiten Hälfte der 1990er Jahre kurzeitig etablierte Telekommunikationsmarke “o.tel.o“.

So weit die Basiskategorien. Natürlich gibt es innerhalb dieser Grundklassen eine ganze Fülle von Optionen direkter oder indirekter Entlehnungen. Einige Autoren (wie zum Beispiel Volker Bugdahl, Erfolgsfaktor Markenname, Wiesbaden 2005) widmen der Auflistung von thematischen oder technischen Methoden zur Markennamenbildung ganze Bücher. Diese Liste reicht von Tier- und Pflanzennamen über mythologische Namen, religiöse und historische Namen, Namen aus Übersetzungen, Namen aus Umkehrung einer bekannten Wortfolge bis hin zu Wortspieltechniken und beabsichtigten Hör- und Schreibfehler (wie etwa der Name Schmeckerling für ein Restaurant.)

Das alles mag für Linguisten höchst interessant sein. Aus Marketingsicht helfen derartige Namensbildungsstrategien allerdings selten weiter. Und die Suche des Markennamens ist und bleibt die wichtigste Marketingentscheidung in einem Markenleben.

Nahe liegende Namen aus dem Tier- und Pflanzenreich stehen eigentlich kaum mehr als Markennamen zur Verfügung, ebenso wie Begriffe aus der griechisch-römischen Mythologie, der Astronomie und der Geschichte. Indizien für die Nichtmehrverfügbarkeit derartiger Namen kann jedermann im Internet sammeln. Ganz seltene Tiere und Pflanzen mögen noch eins zu eins in diversen Markenklassen registrierbar sein, ohne Konflikte zu erzeugen. Aber wenn sie so selten sind, dass sie keiner kennt, dann haben sie auch keinen Effekt – und somit keinen Marketingwert.

Die Herausforderung liegt letztendlich in der Einzigartigkeit nicht nur des Namens, sondern auch seiner Herleitung. Nach einem RED BULL ein FLYING HORSE auf den Markt zu bringen, zeugt von eher weniger Phantasie und wird niemals zu einer wirklich starken Marke führen. Onomatopoetische und sonstige linguistischen Erkenntnisse können und sollten natürlich da angewendet werden, wo es Sinn macht.

Alliterationen

Die Wiederholung von Anfangsbuchstaben wie etwa beim LiLaLaune-Bär führt zu einer verbesserten Sprachmelodie. Eine gute Sprachmelodie ist hilfreich für die Akzeptanz, die Prägnanz und damit verbunden die Merkfähigkeit. Mit einer leichten „Singfähigkeit" eines Namens kann auch ein längerer, vielsilbiger Name genau so leicht erinnert werden wie ein kurzer ein- oder zweisilbiger. Auch einfache Alliterationen mit lediglich einer Wiederholung erzielen positive Wirkungen. Damit bietet sich diese Art der Namensbildung besonders für kleinere Marken an, die nicht gerade über ein zweistelliges Millionenbudget zur Einführung verfügen, aber dennoch im Ohr und Hirn der angepeilten Zielgruppen hängen bleiben wollen. Eine derartige Nischenmarke ist beispielsweise der Internet-Ballon-Shop der Gas-Division der Linde AG. Die Marke, unter der die unterschiedlichsten Luftballone und das dazugehörige Ballongas vertrieben werden, heißt WONDERWIND (www.wonderwind.de).

Onomatopoetische Effekte

Lautmalerische Namen können Sinn machen, müssen aber nicht. Einer der besten lautmalerischen Markennamen der letzten Jahre war sicher die Marke FLIP-FLOP („flip*flop®") für die modischen Badelatschen mit dem zwischen den Zehen zu tragenden Riemen. Die Marke wurde rasend schnell zu Gattungsbegriff, was für die Qualität des Markennamens spricht, aber nicht unbedingt im Sinne des Markeninhabers ist. Schließlich möchte er, dass nur seine Produkte unter diesem Namen verkauft werden.

Die Tatsache, dass hier kurzfristig und mit geringem Werbevolumen das geschah, wofür andere (wenn auch ungewollt) Jahrzehnte und viele Mio. Euro benötigten (vgl. Tempo, UHU, Knirps etc.), mag damit zusammenhängen, dass es zuvor keine schlüssige Bezeichnung und keine bekannte Marke für diese Art offener Sandalen gab, die tatsächlich schon seit Jahrzehnten weltweit auf dem Markt sind.

Anagramme, Palindrome, Symmetrien und andere Spitzfindigkeiten

Namen wie UHU, OMO oder MAOAM können sowohl klassisch abendländisch von links nach rechts wie auch umgekehrt (von rechts nach links) gelesen werden, ohne das sich die Buchstabefolge verändert. Diese Buchstabenfolgen (oder auch Wortfolgen in Sätzen) nennt man Palindrome. Palindrome sind Sonderformen von Anagrammen. Derartige Effekte kann man noch steigern. Wenn Sie den Markennamen für das bekannte Online-Reisebüro opodo um 180 Grad drehen (das heißt auf den Kopf stellen), so werden Sie bei serifenfreien Schriften (wie zum Beispiel Arial oder Futura) und durchgehender Kleinschreibung genau das gleiche Wort lesen wie in der vorherigen Ansicht.

Das sind alles schöne Effekte, dennoch sagen sie rein gar nichts über die Qualität des jeweiligen Markennamens aus. Daher macht es auch aus Sicht des Praktikers wenig Sinn, die eine oder andere Wortbildungstypologie zu empfehlen oder davon abzuraten.

Klangidentitäten

Markennamen, die bekannt und generisch klingen, sich aber durch ihre Schreibweise individualisieren, zählen zu den klassischen Kreationsmustern. Einige davon sind so klassisch, dass sie zum Synonym für eine Produktgattung geworden sind. Dazu zählt zum Beispiel der FOEN. Nur wenige wissen, dass auf keinem Gerät und keiner Verpackung von elektrischen Haartrocknern das Wort FÖHN steht – lediglich auf Geräten der Marke AEG steht FOEN, denn das ist der originale Markenname.

Ähnlich verhält es sich mit VILEDA, dem Haushaltstuch, das „wie Leder" aussieht und funktioniert. Natürlich beschränkt sich das Funktionieren dieser Strategie in der Regel auf einen sprachlichen Markt und ist im Zeitalter der Globalisierung für multikulturelle Anwendungen weniger geeignet.

Übersetzungen

Einfache Übersetzungen aus gängigen Sprachen, werden dann, wenn sie einen stark beschreibenden Charakter haben, in der Regel vom deutschen Patent- und Markenamt nicht mehr als Wortmarke zugelassen. Das heißt man wird das Wort PENCIL ebenso wenig als Wortmarke für Bleistifte registrieren können wie JARDIN für einen Gartendünger.

Anders verhält es sich mit Übersetzungen aus exotischen Sprachen. So könnte man eine Schuhmarke HAPA nennen, das ist die Übersetzung für „Schuh" aus der Sprache der Lakota-Indianer. Allerdings würde nicht die Übersetzung in die Sprache der Algokin-Indianer funktionieren, in deren Sprache heißt Schuh nämlich Mokassin (bzw. auch „mokkisson"), was wiederum als Gattungsbezeichnung freihaltungsbedürftig ist. Aber – um die indianische Verwirrung zu komplettieren –man kann durchaus einen Mokassin-Schuh mit der Marke SIOUX bezeichnen, was auch seit über fünfzig Jahren durch eine bekannte deutsche Marke geschieht.

Immer noch funktionieren die humanistischen Klassiker – Griechisch und Latein – als Namensgeber. In diesen Sprachen können auch noch direkte Übersetzungen probate Mittel zur Bildung von Markennamen darstellen; so heißt zum Beispiel die Handcreme KALODERMA auf griechisch eben „schöne Haut" und die Automarke VOLVO auf lateinisch „ich rolle". In allen beschriebenen Fällen ist das Wissen um die Übersetzung aber keine Voraussetzung für eine gute Markenwirkung (vgl. Kapitel Fehlerquelle 6).

Automatisierte Namensbildung

Im Internet existieren eine ganze Reihe von „Wortbildungs-Generatoren" und Anagrammbildner (zum Beispiel www.thomkins.com/anagrammgenerator/anagramm_start.php). Das sind zuweilen spaßige Programme, die allerdings allenfalls als punktuelle Unterstützungen kreativer Prozesse in Frage kommen. Wort-Puzzler und ähnliche Programme können mitunter die ein oder andere Anregung geben, den kreativen Prozess komplett übernehmen können sie nicht und werden sie auch in absehbarer Zeit nicht können. Auch Namensfindungsfirmen wie die Agentur Endmark arbeiten mit IT-Unterstützung. Die Betonung liegt dabei auf „Unterstützung", denn es gibt noch kein Programm, in das man ein Briefing eintippt und in dem nach einem Rechenvorgang ein komplett recherchierter und allen Anforderungen optimal gerecht werdender Name entseht.

Aber zuweilen gibt es Zufallstreffer: Von der Agentur Endmark ist bekannt, dass der von ihr entwickelte Markennamen COLONEUM für die Film- und TV-Studios in Köln-Ossendorf das zufällige Ergebnis eines elektronischen Wortschöpfungsprogramms darstellt. Verantwortlich für die zuvor programmierten Begriffswelten waren allerdings die kreativen Mitarbeiter. Endmark nutzt derartige Programme und Datenbanken ansonsten eher zur Inputmaximierung vor Brainstroming-Runden und ähnlichen „rein menschlichen" Kreativprozessen.

Kapitelfazit:

- **Es gibt keine einzig richtige Kreationsstrategie. Kreationsregeln enger eher ein, als dass sie weiterhelfen.**

Wie entstehen wirklich gute Namensvorschläge? Beispiele erfolgreicher Kreationstechniken

Steht die Positionierung der künftigen Marke fest, lautet die nächste Frage: „Und wie kommt man am besten an die vielen Vorschläge, die man benötigt, um am Ende des Prozesses eine Handvoll funktionierender Namen zu erhalten?“ Klammert man entsprechende und nur bedingt hilfreiche IT-Programme aus, bleiben zunächst klassischerweise Brainstormings und Brainwritings. Die Kunst ihrer erfolgreichen Anwendung liegt in der Art der Abstraktion und in den verschiedenen zu beschreitenden thematischen Wegen, die an einem Beispiel erläutert werden sollen:

Nehmen wir an, Sie besitzen eine Likörbrennerei und möchten die Idee eines „Karibik- und Latino-Drinks“ in ein Produkt umsetzen. Unabhängig davon, was in das Getränk letztendlich hineinkommt, Sie brauchen auf jeden Fall einen Namen. In diesem Fall sollen die beteiligten, kreativen Menschen einmal bewusst nicht auf ein Getränk hin instruiert – „gebrieft“ – werden. Vielmehr könnte den Kreativen erzählt werden, dass in der Karibik eine neue Insel entdeckt worden sei, die nun zum Zwecke einer touristischen Vermarktung eines neuen Namens bedarf.

Im Vorfeld einer solchen Kreativsitzung kann man Listen mit Eigennamen geographischer Natur (Inseln, Berge, Flüsse, Städte etc.), kulinarischer Art, ethnokultureller Eigenarten (Stämme, Feste, Riten etc.) sowie von Flora und Fauna erstellen und mit karibischer Musik und Bildern eine kreative Atmosphäre erzeugen, in der Brainstormings effektiver greifen können. Auf ähnliche Art und Weise ist zum Beispiel der neue Name für einen „Red Caipirinha“ entstanden. Er heißt TACCUDA und es gibt ihn von der Brennerei Schwarze & Schlichte als so genannten „bottled Cocktail“.

Denjenigen, die kreative Vorschläge liefern sollen, nicht konkret zu sagen, worum es geht, ist natürlich nur ein mögliches und eher ein symbolisches Hilfsmittel der Kreation, das auch nur dann funktionieren kann, wenn man sich vorab für einen generischen oder assoziativen Namen (im Gegensatz zu einem rein abstrakten Begriff) entschieden hat. Hilfreich für die Kreation guter Namen kann es auch sein, bewusst neue Themenwelten zu öffnen, die bisher (auch im Wettbewerb) noch nie mit dem betreffenden Produkt in Verbindung gebracht worden sind, etwa „Finanzdienstleistungen und Straßenverkehr“.

Mit dem Thema um die Ecke denken

Für unterschiedlich gemanagte, fondsgebundene Lebensversicherungen suchte eine große internationale Versicherung Bezeichnungen, die sich deutlich von den üblichen Anlagekategorien wie konservativ/sicher – normal/ertragsorientiert – risikofreudig/dynamisch unterscheiden sollten, um sie für Privatkunden attraktiver zu machen.

Die – bis dato unübliche – Themenwelt „Straßenverkehr" ließ sich auf die Versicherungsanlagen übertragen und im Ergebnis wie folgt darstellen: als SpeedLane (für dynamische Anleger), als MainLane (für renditeorientierte Anleger) und als SafeLane (für sicherheitsbewusste Anleger).

Da diese Bezeichnungen weit weg von der üblichen Finanzwelt angesiedelt sind, müssen sie mit einem Produktnamen verbunden werden, der eher und direkter einen Bezug zum Thema herstellt: Die Produktgruppe, zu der diese Fonds-Management-Strategien gehören, wurde ebenfalls neu benannt und heißt jetzt CleVesto, was bewusst an „clever investieren" erinnert. (Diese Marke und die o. a. Bezeichnungen wurden unter der Regie des Autors für die Helvetia-Versicherung kreiert.) Diese Namensstrategie durchzusetzen erforderte in der traditionell konservativ geprägten Versicherungsbranche einigen Mut, der sich aber durch den Erfolg der Produkte ausgezahlt hat.

Ein weiteres Beispiel für die Entlockung kreativer Potenziale kann die Bildung von Akronymen sein, die man dann noch in ungewohnten, das heißt merk-würdigen Schreibweisen darstellt. Auf diese Art und Weise entstanden zum Beispiel der Name QOWAZ für ein „Cola-Weizenbier"-Getränk und der Name PARSHIP für eine Online-Partnerschaftsvermittlung. Der Kreationsprozess sollte nie ohne eine vorherige Wettbewerbsanalyse begonnen werden, weil nur so Themen aufgespürt werden können, die andere zuvor noch nicht für sich genutzt haben.

Kapitelfazit:

- **Neue Themenwelten zu finden, kann neue kreative Horizonte öffnen.**
- **Mit Namenskreationen sollte erst begonnen werden, wenn die Positionierungsstrategie feststeht und der Wettbewerb analysiert wurde.**

Wie und wo recherchiert man am besten? Warum oft nicht mal einer von hundert Namen funktioniert

Wenn man einen neuen Namen sucht, benötigt man neben einem klaren Briefing und einem möglichst eindeutigen Positionierungsstatement vor allem sehr, sehr viele Vorschläge. Wie bereits bei der Fehlerquellenaufzählung (vgl. Kapitel Fehlerquelle 12) angedeutet, „funktionieren" je nach Grad der Internationalität und der Anzahl der relevanten Markenklassen allein unter dem Gesichtspunkt gleicher und ähnlicher Namen nur ein bis maximal zwei Prozent frei entwickelter Vorschläge. Wenn man also über mehr als eine Handvoll möglicher Alternativen verfügen möchte, benötigt man meistens deutlich über eintausend Ausgangsvorschläge.

Das hört sich extrem viel an, verwundert aber nicht, wenn man bedenkt, dass sich von den weltweit über 25,5 Mio. registrierter Marken deutlich über eine Mio. allein auf Deutschland erstrecken.

Wie man bei einer Recherche am effektivsten vorgeht, soll an nachfolgendem Beispiel veranschaulicht werden. Angenommen, es wird ein Markenname für eine neue Limonade gesucht, dann wird zunächst die Marktregion definiert, um festzustellen, in welchen Registern und Datenbanken überhaupt recherchiert werden muss. Selbst wenn dies nur Deutschland sein soll, reicht es nicht aus, im Markenregister des Deutschen Patent- und Markenamtes nachzusehen. Es müssen zusätzlich die so genannten Gemeinschaftsmarken beim EU-Markenamt in Alicante überprüft werden, die auch immer für Deutschland gültig sind sowie die so genannten IR-Marken des WIPO-Registers in Genf, die sich auf Deutschland erstrecken können. (WIPO steht für World Intellectual Property Organisation, die u. a. auf der Grundlage des so genannten Madrider Markenabkommens sowie des Madrider Zusatzprotokolls Marken der Staaten registriert und verwaltet, die den o. a. Abkommen beigetreten sind. Derzeit sind dies 77 Staaten.) Zusätzlich empfiehlt sich eine Überprüfung von Firmennamen in entsprechenden Handelsregister-Datenbanken sowie eine Titelschutz-Überprüfung.

Für die Überprüfung in den Markendatenbanken müssen zudem die Markenklassen definiert werden, die für die Marke relevant sind. Es gibt 45 verschiedene Kategorien von Waren und Dienstleistungen, auf die sich die Marke erstrecken kann. Ein übersichtliches Verzeichnis der Markenklassen kann über die Webseiten des Deutschen Patent- und Markenamtes (www.dpma.de) angesehen und heruntergeladen werden.

Im Falle von Limonade ist dies die Klasse 32 (u. a. nichtalkoholische Getränke), und es sollte – um Konflikte mit anderen Getränkeherstellern zu vermeiden und einen Weg offen zu lassen für spätere Mixgetränke – auch die Klasse 33 (= u. a. alkoholische Getränke) mit überprüft werden. Möchte man gleich von Anfang an ein mögliches Merchandising des neuen Namens in Betracht ziehen, so sind auch die Markenklassen möglicher Merchandising-Artikel zu berücksichtigen, das heißt: Will man T-Shirts unter diesem Getränkenamen verkaufen, muss man den Namen auch in der Klasse 25 (= Textilien) prüfen.

Was bedeutet prüfen? Zunächst muss festgestellt werden, ob es identische Namen mit älteren Rechten gibt. Wenn das der Fall ist, kann man entweder diesen Vorschlag vergessen, oder man muss sich mit dem entsprechenden Rechteinhaber zwecks möglicher Übertragungs- oder Duldungsvereinbarungen auseinander setzen. Ob es identische Namen gibt, ist dank moderner Datenverarbeitung relativ leicht und schnell herauszufinden. Wesentlich komplizierter wird es, Markennamen zu identifizieren, die nicht identisch, sondern lediglich ähnlich sind. Auch sie können rechtliche Konflikte erzeugen.

Dafür müssen so genannte „Suchstrings“ definiert werden. Angenommen, einer der Namensvorschläge würde SYMPHONY lauten. Dann wären zunächst einmal sämtliche mögliche Schreibweisen aufzuführen (mit „y“, mit „ü“, mit „ph“ usw.), dann folgen Lautverschiebungen, wie etwa SYMPHONA, SYMPHONU etc. und auch Lautumkehrungen und -verdrehungen wie etwa SAMPHYNO.

Derartige Varianten können schnell mehrere hundert verschiedene Ähnlichkeitsformen ausmachen, wie das folgende auszugsweise wiedergegebene Beispiel für eine Suchanfrage in den relevanten Datenbanken zeigt:

*i{v0:1}nphonu{v0:1} or si{v0:1}n*phonu{v0:1} or si{v0:1}n{a0:3}nu{v0:1} or *i{v0:1}nfonu{v0:1} or si{v0:1}n*fonu{v0:1} or *ynphonu{v0:1} or syn*phonu{v0:1} or syn{a0:3}nu{v0:1} or *ynfonu{v0:1} or syn*fonu{v0:1} or {a0:4}phoni{v0:1} or *ymphoni{v0:1} or sym*phoni{v0:1} or sym{a0:3}ni{v0:1} or {a0:4}foni{v0:1} or *ymfoni{v0:1} or sym*foni{v0:1} or *umphonu{v0:1} or sum*phonu{v0:1} or sum{a0:3}nu{v0:1} or

**umfonu{v0:1} or sum*fonu{v0:1} or *i{v0:1}mphonu{v0:1} or si{v0:1}m*phonu{v0:1} or si{v0:1}m{a0:3}nu{v0:1} or *i{v0:1}mfonu{v0:1} or si{v0:1}m*fonu{v0:1} or {a0:4}phonu{v0:1} or *ymphonu{v0:1} or sym*phonu{v0:1} or sym{a0:3}nu{v0:1} or {a0:4}fonu{v0:1} or *ymfonu{v0:1} or sym*fonu{v0:1} or ....*

Selbst diese Ähnlichkeitsdefinitionen reichen aber noch nicht ganz aus; denn neben den formalen Ähnlichkeiten sind auch inhaltliche Ähnlichkeiten auszuschließen. Würde ein Konkurrenzprodukt der geplanten „Symphony-Limonade" etwa MELODY heißen, könnte auch dies zu Problemen führen. Denn beide Marken sind Begriffe aus der Musik. Man sollte daher auch nach Begriffen wie „Komposition", „Konzert" oder „Lied" suchen und die Suchanfrage in folgender Richtung komplettieren:

melod{v1:2}{a0:1} or {c1:1}ompositon{a0:1} or {c1:1}onzert{a0:2} or lied{a0:2}...

Ähnlichkeit wird in Europa recht weit definiert. Wenn beispielsweise der amerikanischen Anheuser-Busch-Brauerei in Deutschland höchstrichterlich untersagt wird (BGH, Urt. v. 26. April 2001 – I ZR 212/98 – OLG Hamburg, LG Hamburg), ihr Produkt BUD zu nennen wegen einer verwechslungsfähigen Nähe zur Marke BIT von Bitburger, belegt dies die breite Interpretation von Ähnlichkeit im Markenrecht. Daher verwundert es nicht, dass nach einer derartigen Sondierung von eintausend Namen nur etwa zehn bis zwanzig verbleiben, die im Hinblick auf Konflikte mit älteren Rechten als unbedenklich eingestuft werden können.

Damit hat man allerdings nur eine erste, wenn auch die wichtigste Hürde genommen. Danach müssen die verbleibenden Namen weiter geprüft werden. Bevor man etwaige Marktforschungen initiiert, sind zunächst Sprachprüfungen durchzuführen. Das heißt auch wenn unsere Limonade nur in Deutschland vertrieben werden wird, sollten zumindest Kunstnamen in den wichtigsten Migrantensprachen wie etwa Türkisch überprüft werden, sofern diese Muttersprachler mit zur Zielgruppe zählen.

Natürlich muss ein Name für ein Getränk auch „schmecken", das heißt der Name sollte nicht gerade an unverdauliche Dinge erinnern. So etwas lässt sich am besten mit Hilfe von Fokusgruppen-Tests ermitteln, ebenso wie die Erinnerungskraft eines Namens (siehe Kapitel „Was kann Marktforschung ...").

Ganz wichtig ist aber auch die mögliche Handhabung des Namens. Soll beispielsweise das Getränk auch über die Gastronomie vertrieben werden, so muss eine mündliche Bestellung gut und unmissverständlich erfolgen können. Diese Erkenntnis klingt banal, wird aber des Öfteren schon einmal vergessen, wie das vorgenannte Beispiel mit Licher X2 zeigt („Geben Sie mir bitte zwei X-Quadrat???").

Kapitelfazit:

- **Professionelle Identitäts- und Ähnlichkeitsrecherchen sind unverzichtbar.**
- **Nur ein bis zwei Prozent frei genierter Namensvorschläge funktionieren erfahrungsgemäß unter dem Gesichtspunkt älterer identischer oder ähnlicher Namen.**

Checkliste für die erste Identitätsprüfung*

1.	Gibt es namensgleiche **Internet-Domains**? Suche z. B. via www.denic.de oder www.united-domains.de oder anderen. Wenn ja, wer ist der Betreiber der Seiten? Mit Privatpersonen könnte man sich eher einigen als mit Unternehmen. Gehören die gefundenen Seiten zu Wettbewerbern, spricht das deutlich gegen den Namen.
2.	**Meta-Suche im Internet:** Geben Sie den Namen kommentarlos in eine gute Suchmaschine (z. B. Google) ein. Wie viele Treffer werden angezeigt? Bei vielen hundert oder gar tausend Treffern, ist die Wahrscheinlichkeit, dass andere, ältere Rechte dem jeweiligen Namen entgegenstehen, sehr hoch und weitere kostenpflichtige Recherchen können eingestellt und der betreffende Name verworfen werden.
3.	**Suche im Telefonbuch:** Via Internet (z. B. www.detemedien.de) oder über einen aktuellen Datenträger (bundesweite Telefonbuch CD-ROM oder DVD) sollte nachgesehen werden, ob und wie oft der zu überprüfende Name dort auftaucht. Viele Treffer sprechen auch hier gegen eine weitere Verwendung des Namens. Werden Firmen mit dem jeweiligen Namen identifiziert, ist zu prüfen, ob es sich um rein lokal/regional tätige Firmen handelt oder überregionale sowie um welche Branche es geht. Werden die gleiche Branche, die gleiche Region oder eine überregional tätige Firma tangiert, kann bereits aufgrund dieser Informationen von dem betreffenden Namen abgeraten werden.
4.	**Markenrecherche** beim Deutschen Patent- und Markenamt. Über www.dpma.de lässt sich kostenlos feststellen, ob es bereits identische Marken gibt und in welchen Markenklassen diese anzutreffen sind.
>	Wurden weder namensgleiche Internetseiten noch Telefonbucheinträge und keine deutschen Marken gefunden, dann ist die Wahrscheinlichkeit, dass dieser Name auch die professionelle Recherche besteht, recht hoch. Auf die professionelle Recherche kann aber selbst bei keinem einzigen Treffer in den o. a. Suchschritten nicht verzichtet werden, selbst dann nicht, wenn der Name nur in Deutschland genutzt werden soll. Denn dem eigenen Namensvorschlag können u. a. auch EU-Marken und andere internationale Marken, die sich auf Deutschland erstrecken, entgegenstehen und vor allem ähnliche Marken ältere Rechte beanspruchen.

* ersetzt keine professionelle Namensrecherche

Linkliste* zur weitergehenden Recherche von Markennamen:

Argentinien:	www.inipi.gov.ar
Australien:	www.ipaustralia.gov.au/trademarks/T_srch.htm
Benelux:	www.bbmweb.jouve-hdi.com
Chile:	www.proind.gov.cl/dpi/home

Community Trademarks

(CTM)/EU-Marken:	www.oami.eu.int/search/trademark/la/de_tm_search_cfm
Deutschland:	www.dpma.de
Estland:	www.epa.ee/eng/db-km.htm
Finnland:	tavaramerkki.prh.fi/
Frankreich:	www.icimarques.com (gebührenpflichtig)
Großbritannien:	www.patent.gov.uk/search/index.htm
Israel:	www.justice.gov.il/db
Japan:	www3.ipdl.jpo.go.jp/cgi-bin/ET/ep_main.cgi?1008008525255
Jordanien:	www.mit.gov.jo/mark_p1_en.asp
Kanada:	www.strategis.ic.gc.ca/sc_consu/trade-marks/engdoc/cover.html
Kolumbien:	www.sic.gov.co/bases_datos.htm
Kuba:	www.ceniai.inf.cu
Marokko:	www.ompic.org.ma/
Mexiko:	www.marcas.impi.gob.mx
Neuseeland:	www.iponz.govt.nz/search/cad/dbssiten.main
Österreich:	www.patent.bmvit.gv.at
Panama:	www.mici.gob.pa
Peru:	www.indecopi.gob.pe/osd/
Philippinen:	ipophil.gov.ph/teams/
Polen:	www.arsinfdo.pl/arspatent/a_info.html
Rumänien:	193.230.133.4/cgi-bin/invsearch
Russland:	www.fips.ru/ensite/

Schweden:	www.prv.se/eng/trademarks/index_rseng.html
Schweiz:	www.swissreg.ch/index
Slowakei:	www.upv.sk
Slowenien:	www2.uil-sipo.si/dse.htm
Spanien:	www.oepm.es/internet/bases_datos/bdsitad.htm
Südkorea:	kipricd2.kipris.or.kr/eng/index.html
Tschechien:	www.upv.cz/english/indes.html
Ungarn:	www.hpo.hu/English/db/vedjegy/vedjegy.cgi
USA:	tess.uspto.gov und http://tarr.uspto.gov
Usbekistan:	search.patent.zu/uzpo/tzsearch.html
WIPO:	www.wipo.int/madrid/en/index.html

* *Autor und Verlag können keine Gewähr für die Richtigkeit und Aktualität der gelisteten Links übernehmen*

Kommerzielle Datenbanken und Recherche-Unternehmen:

Dialog:	www.dialog.com
Saegis:	www.compu-mark.thomson.com
EuCor:	www.eucor.de
AvantIQ:	www.avantiq.com
Endmark:	www.endmark.com

Was kann Marktforschung bei der Namenswahl leisten? Und was nicht?

Je größer das Unternehmen und je höher die Entscheidungsebene, umso wichtiger und aufwendiger wird häufig die Absicherung von Namensvorschlägen durch Marktforschungen betrieben. Dabei muss offen bleiben, ob es immer mehrheitlich um die Sache oder zuweilen auch um die möglichst doppelte und dreifache Absicherung eigener Entscheidungen geht.

Natürlich ist Marktforschung im Sinne einer empirischen Überprüfung von Namensvorschlägen ausgesprochen wichtig, wird aber häufig falsch angewendet. Aus der Erfahrung mit den unterschiedlichsten Forschungsansätzen in 15 Jahren Namensentwicklung bleibt zu betonen, dass es sehr sinnvoll ist, mögliche Faktoren zu überprüfen, die gegen einen Namen sprechen könnten. Weiterhin ist es wichtig, seine mögliche spätere Handhabung sowie seine Merk- und Zitierfähigkeit zu testen. Niemals sollte man hingegen eine Kreativentscheidung im Sinne einer Favorisierung der Marktforschung überlassen!

MALM, FAKTUM, GUSTAV und TROMSÖ – so heißen bekanntermaßen Möbel des schwedischen Einrichtungshauses IKEA. Auf die Frage, ob IKEA-Möbel überhaupt einen Namen brauchen, antworten die Kunden Marktforschern regelmäßig mit einem klaren mehrheitlichen „Nein". Aus guten Gründen ignorieren aber die IKEA-Entscheider diese Erkenntnisse. Namen statt Bestellnummern, darin war IKEA Vorreiter; das war und ist markenprägend. IKEA-Kunden stellen sich nicht einfach nur ein Regal in die Wohnung, sondern ihren BILLY. Originelle Produktnamen sind ein wesentlicher Teil der Markenidentität, selbst wenn Kunden auf die direkte Frage kein logischer Grund einfällt, warum sie die Namen brauchen und mögen. Der Erfolg gibt aber den Marktforschungsignoranten von IKEA Recht: Mit einer Bekanntheit von 87 Prozent ist IKEA immerhin die populärste Wohnmarke Deutschlands.

Identitätsstifter einer Marke kann immer nur der Markenabsender sein, nicht die Zielgruppe. Wenn Sie beispielsweise ein neues Waschmittel benennen wollen und dazu zwanzig Hausfrauen als Fokusgruppe einladen, diesen ein Paket im Corporate Design des Hauses präsentieren, die besonderen Eigenschaften (zum Beispiel weißer, reiner, schonender) erläutern, um dann zwanzig Vorschläge zu nennen und zu fragen: „Welcher Name passt am besten zum Produkt?" – dann wird erfahrungsgemäß immer der naheliegendste Name, der am vertrautesten klingt, gewählt werden. Dieser Name ist allerdings niemals der stärkste.

Mögliche Namenfavorisierungen zu einem Produkt abzufragen, das es noch gar nicht gibt, ist selten zielführend. Es erinnert an frühe Marktforschungen zum Thema Fernsehen. Auf die Frage: „Was wünschen Sie sich im Programm?" gab es regelmäßig die mehrheitlichen Antworten: „Nachrichten, Dokumentationen und Service-Ratgeber." Was später tatsächlich besonders wenig geschaut wurde, waren: Nachrichten, Dokumentationen und Service-Ratgeber. Hätte man aber gefragt: „Möchten Sie über Wochen und Monate hinweg wildfremde Menschen in einem Container beobachten?" wäre eine negative Antwort sehr wahrscheinlich gewesen.

Oder stellen Sie sich vor, Verbraucher wären vor Jahren gefragt worden, ob eine modische Jeansmarke den Namen DIESEL tragen sollte. Auch hier wäre eine negative Antwort evident gewesen. Deshalb gilt:

Kreative Entscheidungen muss immer der Absender einer Marke treffen und nicht der Verbraucher!

Zu empfehlen sind folgende Ansätze: Lassen Sie mögliche Namensalternativen (nachdem sie diese markenrechtlich und sprachlich überprüft haben) zunächst unabhängig vom Produkt testen.

Sagen Sie Ihren Testpersonen – egal ob in einer Focus Group oder Feldstudie – zunächst nicht, für welches Produkt oder welche Dienstleistung der Name vorgesehen ist, den Sie überprüfen wollen. Schließlich soll ja nicht das Produkt, sondern eben der Name überprüft werden. Wenn Sie dazu gestützt oder ungestützt, d.h. mit oder ohne Antwortvorgaben, Assoziationsfelder abfragen lassen, können dadurch auf jeden Fall negative Überraschungen ausgeschlossen werden.

Sollte zum Beispiel ein Kunstname für ein Bonbon phonetisch an ein Abführmittel erinnern, wäre das zwar markenrechtlich kein Problem (und somit vorher nicht aufgefallen, sofern keiner der Beteiligten das Medikament kannte) – aber eine höchst peinliche und wenig verkaufsfördernde Angelegenheit.

Natürlich haben Assoziationstest ihre Grenzen, wie das Beispiel DIESEL zeigt. Aussagekräftiger sind Untersuchungen mittels semantischen Differenzials, wobei klare Eigenschaftszuordnungen – wie zum Beispiel „Klingt der Name eher modern oder traditionell, eher frisch oder trocken?“ – individuell auf die Marke abzustimmen sind.

Beispiel: Semantisches Differenzial für den Namen JOY'S (Bier-Apfelsaftgetränk)

eher:					**eher:**
trocken			X		frisch
herb		X			mild
heimatlich-regional				X	international
alkoholisch			X		nicht alkoholisch

Am objektivsten sind Merkfähigkeitstests. Wenn Sie eine Befragung einer Focus Group zu zwanzig verschiedenen Namensvorschlägen vorgenommen haben, machen Sie eine Pause von 20 bis 30 Minuten und bitten Sie dann Ihre Probanden, innerhalb einer vorgegebenen kurzen Zeitspanne (zum Beispiel innerhalb einer Minute) die Namen aufzuschreiben, die noch im Gedächtnis geblieben sind. Damit erreichen Sie zweierlei: Erstens trifft eine solche Untersuchung immer eine klare Aussage über die Prägnanz eines Namens und zum anderen erfahren Sie, ob der erinnerte Name auch geschrieben werden kann.

In der Regel gibt es bei derartigen Tests immer eine hohe Korrelation bei der Rangfolge der Merkfähigkeit, es sei denn, ein Proband würde mit einem Namen etwas sehr Persönliches verbinden (wie etwa eine Ähnlichkeit mit dem Namen des Ehepartners).

Natürlich ist die Wichtigkeit der korrekten Schreibweise und Aussprache je nach Produktkategorie unterschiedlich relevant. Wenn Sie ein Waschmittel im Supermarkt aus dem Regal nehmen, ist es zum Beispiel relativ unerheblich, ob das Produkt DASH oder DASS oder DÄSCH ausgesprochen wird; und wenn Sie ein Eis verlangen, müssen Sie nicht wissen, wie HÄAGEN-DAZS geschrieben wird. Geht es jedoch um ein Produkt, was sie mündlich verlangen müssen, wie etwa ein freiverkäufliches Arzneimittel, dann spielt die Aussprachefähigkeit eine wesentlich größere Rolle. Letztendlich lassen sich erforderliche Eigenschaften neuer Namen gut überprüfen, mögliche Sympathien, Gefallen und Favorisierungen aber nur äußerst bedingt.

Erfolg mit Formeln?

Es existieren in der Literatur verschiedene auf Akronymen aufbauende Formeln zur Überprüfung von Markennamen. Dazu zählt zum Beispiel die so genannte ERFOLGS-Methode. Die Methode wird sehr ausführlich von Volker Bugdahl (Erfolgsfaktor Markenname, Wiesbaden 2005, Seite 90 f.) beschrieben.

Demnach steht:

E für einfach,
R für relevant,
F für freundlich,
O für originell,
L für leicht einprägbar,
G für glaubwürdig,
S für die Summe der Punkte, die eine Zuordnung zu den entsprechenden Kategorien ergibt.

In der Praxis lässt sich diese Formel kaum entscheidungsfördernd einsetzen. Dafür sind Kategorien wie „relevant, freundlich und originell" doch arg subjektiv und wichtige andere Kriterien wie zum Beispiel „Alleinstellung/Unterscheidungskraft im Wettbewerb" fehlen ganz.

Ähnliche Defizite weist die MARKE-Formel von Italo Calvino (Sechs Vorschläge für das nächste Jahrtausend, München 1991) auf, der sein Akronym wie folgt übersetzt:

M für Multiplität (wie immer man diesen Begriff genau interpretieren mag)
A für Anschaulichkeit
R für Richtigkeit
K für Kürze
E für Eleganz

Diese Formel ist noch vager und ergibt allenfalls ein schönes Wort. Wenn schon eine Formel als Bewertungsraster herhalten soll, erscheint die in der Agentur Endmark (www.endmark.de) vom Autor entwickelte SUPER-Formel pragmatischer.

Sie hinterfragt in neudeutscher (= englischer) Form jeden Namensvorschlag wie folgt. Ist dieser Name:

S	für	simple	(einfach)	?
U	für	unique	(einzigartig)	?
P	für	protectable	(schutzfähig)	?
E	für	eloquent	(ausdrucksstark)	?
R	für	rememberable	(gut zu erinnern)	?

Wenn Sie diese fünf Fragen alle klar mit „ja“ beantworten können, haben Sie auf jeden Fall die meisten Fehler vermieden und einen grundsätzlich geeigneten Vorschlag vorliegen.

Dennoch muss vor einem strikten „Formelismus“ gewarnt werden. Marketingeffekte – wie sie das zuvor erwähnte Arzneimittel UMCKALOABO auslöst – wären mit einer rein nach der Formel ausgerichteten Namenssuche eben nicht möglich.

Rollenspiel

Eine probate Methode, die Praktikabilität eines Namens zu testen, ist das Durchspielen häufiger Kommunikationssituationen, bei denen der betreffende Name eingebunden wird: etwa am Telefon, in Verkaufsgespräch, bei der Vorstellung eines Repräsentanten der Marke, in Pressezitaten usw. Dadurch lassen sich Fauxpas wie die zuvor erwähnte Catch-The-Cat-Marke leicht verhindern.

Kapitelfazit:

- **Delegieren Sie kreative Entscheidungen niemals an die Marktforschung.**
- **Marktforschung eignet sich – richtig eingesetzt – gut zur Ermittlung von Wirkungen, die ein Name auslöst.**

Vom ersten bis zum letzten Schritt
Ein Namensfindungsprozess am Fallbeispiel

Nachdem sich die vorausgegangenen Kapitel mit einer Fülle wichtiger Einzelaspekte der Namensentwicklung und -strategie befasst haben, sollen nun anhand von realen Praxisbeispielen alle Schritte eines Namensentwicklungsprozesses im Zusammenhang vorgestellt werden. Vor jeder anstehenden Namensentscheidung sind eine Reihe von Fragen zu klären, die partiell bereits angesprochen worden sind. Zusammenfassend unterscheidet man zwischen formalen und inhaltlich-strategischen Fragen, die sich in der folgenden Checkliste komprimiert wiederfinden:

Checkliste für die Entwicklung neuer Markennamen

1	**inhaltlich-strategische Fragen**
	Wurde definiert, was der gesuchte Name genau bezeichnen soll, d. h. welche Produkte oder Dienstleistungen unter diesen Namen fallen und welche nicht?
	Existiert ein Positionierungsprofil und wurde die USP klar formuliert?
	Welche Zielgruppen will ich mit dem Namen primär ansprechen?
	Wie und wo soll der Name hauptsächlich kommuniziert werden?
	Wo ist der gesuchte Name innerhalb einer etwaigen Markenhierarchie anzusiedeln?
	Gibt es Corporate-Wording-Vorgaben oder bereits existierende Marketing-Tools (Kampagnen/Claims etc.), mit denen der neue Name kompatibel sein muss?
	Gibt es bestimmte K.O.-Kriterien für die Namensentwicklung?
	Wenn ja welche und warum?
2	**formale Fragen**
	Existiert bereits eine Liste mit allen relevanten Wettbewerbsnamen?
	Soll der Name markenrechtlich monopolisierbar sein und als Wortmarke registriert werden?
	Gibt es sonstige Vorschriften (z. B. Arzneimittelgesetz, Bezeichnungsrecht für Weine, Tierfutterverordnung etc.), die über das Markenrecht hinaus bei der Namensgebung zu berücksichtigen sind?
	In welchen Sprachen und ggf. welchen Mundarten muss der Name funktionieren?
	In welchen Ländern soll der Name jetzt oder später eingesetzt werden?
	Existiert eine Liste der Markenklassen, in denen der Namen registriert werden soll? (Wurde dabei auch an mögliche spätere Erweiterungen des Markeninhalts oder an Merchandising-Produkte gedacht?)
	Soll der gesuchte Name ggf. auch als Firmenname genutzt werden?
	Wenn ja, für welche Rechtsform?
	Wird eine namensgleiche Internet-Domain benötigt?

Anhand dieser Checkliste soll das folgende erste Fallbeispiel dargestellt werden. Es wurde im Jahre 2001 von der Namensagentur ENDMARK realisiert. Dabei geht es um die Suche einer Produktmarke unter Federführung einer bereits eingeführten Dachmarke.

Die Aufgabe

Gesucht wird der Name für ein Biermixgetränk. Absender der neuen Marke ist eine auf Schwarzbier spezialisierte Brauerei in Thüringen, die bis dato lediglich Schwarzbier unter ein und demselben Namen hergestellt und vertrieben hat. Hintergrund für die Überlegung, ein neues Produkt einzuführen, bildet die generelle Stagnation des Bierabsatzes und der Erfolg anderer Nischenprodukte, die nach der Aufhebung des Reinheitsgebotes im Bereich der Biermixgetränke den Markt in Deutschland eroberten.

Vorreiter und nach kurzer Zeit Marktführer war die Karlsberg-Brauerei in Homburg/Saar mit einem Produkt namens MIXERY, dem ersten im großen Stil vermarkteten Cola-Bier. Eine Fülle von MeToo- und ähnlichen Produkten folgten. Fast jede Brauerei kam mit eigenen Biermixgetränken auf den Markt.

Diesem Trend will sich die betreffende Schwarzbierbrauerei nicht verschließen und plant ein neues Produkt aus Schwarzbier, Cola und als Zusatz Guarana.

Vor Klärung jeglicher markenspezifischen Fragen ist gerade für die Namenswahl eine **Wettbewerbsanalyse** unumgänglich. Dabei geht es weniger darum, was mögliche Wettbewerber zu welchem Preis anbieten und welche Zielgruppen damit angesprochen werden, sondern zunächst soll geklärt werden, unter welchem Namen sie dies tun. Das hat in dieser Phase nichts mit Markenrechtsrecherche zu tun, sondern mit der Basispositionierung und der Erarbeitung von K.O.-Kriterien.

Im Fall Schwarzbierbrauerei heißt eben der größte Wettwerber MIXERY. Im Umkehrschluss bedeutet dies, dass alle „Mix-Anklänge“ tabu sein sollten. Nicht nur, um MeToo-Assoziationen zu vermeiden, sondern um – in klarer Abgrenzung zu anderen – ein **Positionierungsstatement** zu erarbeiten. MIXERY positioniert sich über seinen Namen bereits als Mixgetränk, deshalb sollte das neue Wettbewerbsprodukt nicht die Mix-Idee in den Vordergrund stellen, sondern sich bewusst als einzigartiges Produkt positionieren (das sich nicht mal so eben „zusammenmixen“ lässt).

Die nächste Frage jedes Naming-Prozesses erscheint banal, ist aber diffiziler, als der erste Anschein vermuten lässt. Sie lautet: „Was soll mit dem Namen bezeichnet werden?“ Nun – offensichtlich das neue Getränk! Frage und Antwort beinhalten zwei wichtige Aspekte: einen juristischen und einen marketingrelevanten.

Juristisch ist vorab zu klären, worauf sich die angestrebte Marke erstrecken soll; das heißt bezieht sich der Markenname nur auf das flüssige Produkt, oder sollen – vielleicht im Rahmen von Merchandisingaktivitäten – auch einmal T-Shirts unter dem Markennamen verkauft werden, Events diesen Namen tragen oder sogar ein Preis mit diesem Namen verliehen werden? Die Antworten haben Einfluss auf den Rechercheumfang, der notwendig ist, um Probleme mit ähnlichen oder identischen älteren Marken zu vermeiden.

Oftmals lässt sich die spätere Erstreckung einer Marke noch nicht vor ihrer „Geburt“ abschätzen. In diesem Fall gilt: je mehr, desto besser, denn wenn jemand seinem Getränk beispielsweise den Namen DIESEL geben möchte und mit dieser Marke später auch Kleidung verkaufen will, wäre es mehr als wahrscheinlich, dass ihm dies von den Inhabern der gleichnamigen Modemarke untersagt wird.

Neben den juristischen Aspekten ist marketing-strategisch ist zu klären, ob nur ein einziges Getränk oder vielleicht eine ganze Getränkefamilie mit dem Namen bezeichnet werden soll? Ob es Produktvarianten, wie etwa Light- oder Alkoholfrei-Versionen geben soll oder ob auch andere Geschmackstypen und Inhaltsstoffe denkbar sind? Zum Beispiel wäre der Name COLABI, in Anlehnung an „Cola-Bier“ weniger gut geeignet für eine spätere Apfelsaft-Biermischung.

Im vorliegenden Fall ergibt die Antwort nach der Markenumfassung eine klare Konzentration auf das spezifische Getränk mit einem zusätzlichen Augenmerk auf getränkenahe Produkte wie Gläser und Flaschenöffner. Spätestens nach Klärung dieser inhaltlichen Fragen müssen die **formalen** Fragen aus der Checkliste beantwortet werden. Dazu zählen:

- Die territoriale Erstreckung: In **welchen Ländern** soll die Marke aktiv werden?
- Die Sprachbestimmung: **Welche Sprache(n)** sprechen die Zielgruppen (im In- und Ausland)?

- Der benötigte markenrechtliche Schutzumfang und die Frage nach der Internetrelevanz: Wird eine **namensgleiche Internetadresse** benötigt, wenn ja unter welcher Toplevel-Domain?

Diese Fragen werden wie folgt beantwortet:

Der Markenauftritt startet zunächst in Deutschland, aber ein Export in Nachbarländer und Urlaubsregionen ist nicht auszuschließen. Deutsch ist die wichtigste Zielgruppensprache, der künftige Name sollte aber auch in Türkisch, Polnisch und Italienisch, Englisch und Französisch unproblematisch sein. Eine namensgleiche Internet-Domain (unter .de und .com) ist wichtig, da Promotionaktionen das Internet mit einbeziehen sollen.

Bevor begonnen werden kann, kreative Szenarien auf der Grundlage der gesammelten Informationen zu entwickeln, muss noch eine weitere ganz wichtige strategische Grundsatzfrage geklärt werden und zwar: „Welche Rolle soll die Dachmarke gegenüber der neuen Marke spielen?" Im direkten Wettbewerbsumfeld wurden bisher völlig unterschiedliche Konzepte gefahren:

Da gab es die bereits mehrfach erwähnte Marke MIXERY, deren Absendermarke KARLSBERG nur ganz klein und kaum wahrnehmbar auf den Getränkeetiketten auftauchte. Und es gab Produkte wie CAB, deren Herstellermarke KROMBACHER rein gar nicht in der Rahmenkommunikation auftaucht. Auf der anderen Seite hatten auch Produkte Erfolg wie FRANKENHEIM BLUE, bei denen die Dachmarke den dominanten Markenteil ausmacht.

Diese Frage nach der Rolle der Dachmarke lässt sich zunächst im Fall der Schwarzbierbrauerei auf der Theorieebene noch nicht erschöpfend beantworten. Zum einen soll die neue Marke durchaus von der eingeführten Dachmarke und ihrem Bekanntheitsgrad profitieren, zum anderen sollen auch neue Zielgruppen erschlossen werden, die bisher gar keine Anhänger des betreffenden Schwarzbiers waren oder deren Lebenswelten sich sogar bewusst davon abgrenzen.

Am besten sollte beides möglich sein: eine Kommunikation der neuen Marke gemeinsam mit der Dachmarke dort, wo es sinnvoll erscheint, und ein losgelöster eigenständiger Auftritt dort, wo die Dachmarke hinderlich sein könnte. Konkret könnte das heißen: auf dem Bierfest mit der Dachmarke und im Szeneclub ohne.

Was bedeutet das für die Namenswahl? Diese „Sowohl-als-auch-Position“ klingt ziemlich abstrakt. Für den gesuchten Namen bedeutet das, er darf kein bloßes „Markenanhängsel“ sein, wie etwa BLAU, PLUS oder V, muss aber auch kompatibel mit der Dachmarke sein. Also würde beispielsweise ein typisch englisches Wort nicht in Frage kommen, weil es allein phonetisch mit einem typisch deutschen Biernamen nicht harmonieren würde.

Nach diesen hier verkürzt zusammengefassten Vorgaben kann nun damit begonnen werden, mögliche Namenswelten zu definieren. Bei der beteiligten Agentur beginnt nun das so genannte **Kreativbriefing**. Dazu werden zunächst Imagewelten diskutiert: zum Beispiel Naturerlebnisse, Welt der Musik, Modewelt oder auch das Produkt als witzig-sympathische Persönlichkeit mit tatsächlichen oder fiktiven Personennamen.

Man einigt sich in der Agentur auf drei Welten und beginnt mit drei Teams, die ersten Vorschläge zu entwickeln. Es verbleiben die Themen Musik, Mode und das Personenthema, zusätzlich wird noch versucht, mit Akronymen Namen entstehen zu lassen. Letztendlich werden über eintausend einzelne Vorschläge entwickelt. Diese sind alle im weitesten Sinne briefingkonform, aber ob sie funktionieren, muss jeweils geprüft werden.

Bereits bevor die letzten Namenskreationen auf den Tisch kommen, beginnen die technischen Prüfungen. Zunächst wird nach identischen Namen recherchiert, und da der Auftraggeber auch eine namensgleiche Internet-Domain für wichtig hält, beginnt man mit dem einfachsten und kostengünstigsten, der Suche nach gleichen Internet-Domains (zum Beispiel bei www.united-domains.de).

Danach – wenn keine identische Domain entdeckt worden ist – werden die entsprechenden Markendatenbanken – wie in Kapitel „Wie entstehen wirklich gute Namensvorschläge?“ beschrieben – zunächst auf Identität und in einem zweiten Schritt auf Ähnlichkeit geprüft.

Letztendlich bleiben 28 Namen stehen, die von den Anwälten der Agentur als weitgehend unproblematisch eingestuft werden. Diese Namen werden dann einem so genannten „Cultural Check“ unterzogen, das heißt einer sprachlichen und inhaltlichen Begutachtung durch Muttersprachler in den Sprachen, die zuvor festgelegt worden waren. Drei Namen werden daraufhin noch aus dem Verkehr gezogen, da sie in einzelnen Sprachen Missverständnisse auslösen oder schlecht ausgesprochen werden können.

Verfahrensüberblick einer idealtypischen Einzelnamenssuche

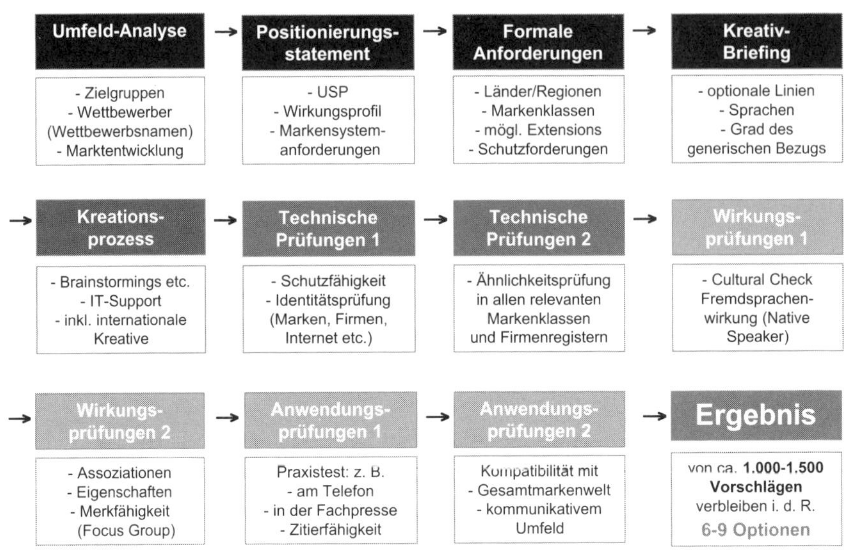

Quelle: ENDMARK GmbH

Die 25 verbleibenden Namen werden sodann im Rahmen einer zielgruppenadäquat ausgewählten Focus Group – wie oben beschrieben – auf die Assoziationsfelder und Wirkungseigenschaften hin untersucht. Die 15 am besten bewerteten Namen werden letztendlich in kleinen Rollenspielen auf ihre Eignung als Getränkenamen hin noch einmal auf Herz und Nieren überprüft, um dann die verbleibenden neun Vorschläge dem Auftraggeber vorzustellen.

Der Auftraggeber, die Köstritzer Schwarzbierbrauerei, entscheidet sich schließlich für den Namen BIBOP. Der Name entstammt der „MusikLine“

und lehnt sich in bewusst individualisierter Schreibweise an die Jazz-Epoche „Bebop“ an.

Auf der einen Seite muss man aber kein Jazzkenner sein, um den Markennamen zu mögen, auf der anderen Seite kann man berücksichtigen, dass Musik – speziell „schwarze Musik“ wie Soul und Jazz in der bereits zuvor bestehenden Markenwelt von Köstritzer eine wichtige Rolle gespielt hat. Diese wurde geprägt durch zahlreiche Musiker- und Konzertsponsorings. So kann die Marke mit und ohne Dachmarke kommuniziert werden.

Die Marke als Rechtsgut
Vom Markenrecht und Recht der Marke

Wenn bisher in diesem Buch von „Marke“ die Rede war, so bezog sich dieser Terminus meistens auf die Marketingsicht. Demnach ist die Marke das Ergebnis einer konsequenten Differenzierungsstrategie. Mann kann auch sagen, eine (eingeführte) Marke bedeutet Sicherheit für den Konsumenten, die auf dem Wissen um die Vorzüge eines Produktes bzw. dem Vertrauen in seinen Hersteller beruht.

Wie aber u. a. im Kapitel über die Recherche von Namen bereits angedeutet worden ist, gibt es immer zwei gleichermaßen wichtige Aspekte der Markenbetrachtung: Den der marketing-strategischen Bedeutung und den juristischen Aspekt.

Laut Markengesetz (MarkenG) versteht man unter der Marke die Kennzeichnung von Waren und Dienstleistungen eines Unternehmens mit dem Ziel, dass sich diese von Waren und Dienstleistungen anderer Unternehmen unterscheiden.

Marke® oder Trademark™

In Deutschland kursiert auch noch der synonym zur Marke benutzte Begriff des „Warenzeichens“. Dieser Begriff wird aber seit der Markenrechtsreform von 1995, in deren Rahmen das Warenzeichengesetz vom Markengesetz abgelöst wurde, zunehmend weniger genutzt. Marken werden häufig in Deutschland mit einem ® verwendet. Das ® ist ein Hinweis auf eine registrierte, also im Markenregister eingetragene Marke. International begegnet man auch dem Zeichen ™, es steht für Trademark und wird vor allem von US-Firmen für in den USA geschützte Marken benutzt. Beide Zeichen sind Hinweise; sie sind weder verpflichtend, noch haben sie einen hoheitlichen oder sonstigen rechtlich wirksamen Charakter.

Die Marke zählt juristisch zu den so genannten „immateriellen Monopolrechten“, das heißt wer eine Marke besitzt, ist gegen den „kennzeichengemäßen“ Gebrauch dieser und ähnlicher Kennzeichen durch Dritte für gleiche und ähnliche Waren und Dienstleistungen geschützt. Registrierte Marken werden deshalb für bestimmte Klassen (es gibt insgesamt 45 Klassen) eingetragen. Der Schutz gilt demnach im Regelfall nur für die in der Markenanmeldung genannten Waren und Dienstleistungen. Deshalb gibt es beispielsweise erlaubtermaßen nebeneinander ASTRA als Auto (von Opel), als Bier und als Satellitensystem.

Die Marke ist eines der ganz wenigen legalen Monopole. Sie verleiht ein Ausschlussrecht, das es erlaubt, andere von der Benutzung bestimmter Kennzeichen auszuschließen. Somit zählt die Marke zur Kategorie „geistiges Eigentum", international nennt man das „Intellectual Property". Neben Marken zählen dazu beispielsweise Patente, Gebrauchs- und Geschmacksmuster sowie Urheber- und Leistungsschutzrechte.

Dennoch gibt es große Unterschiede zwischen Marken und anderen Schutzrechten. Der größte Unterschied liegt in der zeitlichen Begrenzung der anderen Rechte: Ein Patent, dessen Schutzgegenstand eine technische Erfindung sein muss (ein Erzeugnis oder ein Verfahren) erlischt nach spätestens 20 Jahren. Ein Gebrauchsmuster gründet sich ebenfalls auf eine technische Erfindung (und zwar auf eine solche, die im Gegensatz zum grundsätzlicheren Patent sich auf eine konkrete gewerbliche Anwendbarkeit bezieht und auch als „erfinderischer Schritt" oder „kleiner Bruder des Patents" bezeichnet wird). Dieses Schutzrecht endet spätestens nach zehn Jahren und ein Geschmacksmuster, das sich auf die ästhetische Gestaltung bezieht, kann maximal 20 Jahre Schutz vor Nachahmern liefern. Selbst das Urheberrecht, das sich auf Werke der Literatur, Kunst und Wissenschaft bezieht, endet grundsätzlich 70 Jahre nach dem Tod des Urhebers. Nur eine Marke kann unbegrenzt verlängert werden und somit theoretisch ewig Bestand haben.

Da dies für den juristischen Laien etwas abstrakt klingen mag, sei es (ohne Anspruch auf juristische Vollkommenheit) vereinfacht so erklärt:

Jemand erfindet eine chemische Verbindung, die zum Arzneimittel gegen bestimmte Schmerzen taugt. Auf die chemische Verbindung erhält der Erfinder ein Patent. Die gleiche oder eine weitere Person oder ein Unternehmen entdeckt, dass sich diese chemische Verbindung in Tabletten pressen lässt (was zuvor niemand gemacht hat); für diese Anwendung kann Gebrauchsmusterschutz erlangt werden. Das Unternehmen vertreibt diese Tabletten in einer ganz speziell gestalteten Flasche. Diese Flasche kann unter bestimmten Voraussetzungen als Geschmacksmuster geschützt werden. Als Gebrauchsanleitung textet die Ehefrau des Erfinders ein Gedicht, darauf hat sie – ohne irgendwelche weitere Verfahren – ein Urheberrecht, womit sie andere davon abhalten kann, dieses Gedicht zu verwenden. Weiterhin gibt das herstellende Unternehmen dem Arzneimittel den Namen ANTIDOLORA.

Jetzt können nach und nach alle anderen Rechte erlöschen: spätestens nach 20 Jahren kann ein Wettbewerber ein inhaltlich gleiches Produkt als so genanntes Generikum herausbringen und 70 Jahre nach dem Tod der Dichterin darf auch das Gebrauchsanleitungsgedicht ungestraft und ohne Lizenzgebühren kopiert werden – nur der Name und gegebenenfalls das damit verbundene Logo darf niemals kopiert werden, sofern diese Marke alle zehn Jahre verlängert wird.

Natürlich ist das genannte Beispiel sehr theoretisch, zumal das komplette Arzneimittelrecht und die damit verbundenen Zulassungsvoraussetzungen der Einfachheit halber ausgeklammert wurden.

Eine Marke muss nicht in jedem Fall angemeldet werden

Das Markengesetz kennt ganz unterschiedliche schützenswerte Kennzeichen. Dazu zählen:

- **Wortmarken**
  zum Beispiel das Wort MERCEDES oder NIVEA
- **Bildmarken**
  zum Beispiel der gezeichnete Mercedes-Stern oder der „Swoosh“ von NIKE
- **Hörmarken**
  zum Beispiel Tonfolge im Werbejingle der DEUTSCHEN TELEKOM oder Titelmelodie der TV-Sendung WETTEN DASS
- **Dreidimensionale Marken**
  zum Beispiel der dreidimensionale Mercedes-Stern oder die Coca-Cola-Flasche
- **sonstige Markenformen**
  Das Markengesetz erlaubt auch den Schutz weiterer Markenmerkmale wie Farben und Gerüche. So ist die Farbe MAGENTA von der Deutschen Telekom als Farbmarke für Telekommunikationsdienstleistungen angemeldet worden.

In der einschlägigen Literatur wird auch häufiger die Bezeichnung „Wort-Bild-Marke" (in unterschiedlichen Schreibweisen) benutzt. Gemeint ist damit formal eine Bildmarke, bei der ein grafisch gestaltetes Wort Hauptbestandteil des „Bildes" ist: Während der Mercedes-Stern oder der „Swoosh" der Marke Nike auch ohne Buchstaben Marken sind, ist zum Beispiel der blau-rote Schriftzug der FITNESS COMPANY eine Bildmarke.

Das wiederum bedeutet: Geschützt ist nur die Darstellungsweise und nicht das Wort an sich. Da es beschreibend im Sinne der zu bezeichnenden Markeninhalte ist, kann der Name FITNESS COMPANY auch nicht als Wortmarke eingetragen werden (vgl. Kapitel Fehlerquelle 9).

Alle oben aufgeführten Marken sind so genannte Registermarken, die also in ein Markenregister eingetragen werden können. Weiterhin kennt das Markengesetz aber noch andere geschützte Kennzeichen. Dazu zählen u. a.:

- **Unternehmensnamen**
  zum Beispiel Firma MÜLLER MILCH
- **Unternehmensschlagworte**
  zum Beispiel AOK, DIE GESUNDHEITSKASSE
- **Werktitel (Druckschriften, Filmwerke, Tonwerke, Software)**
  zum Beispiel YELLOW SUBMARINE, JAMES BOND oder ACROBAT READER
- **Geografische Herkunftsbezeichnungen**
  zum Beispiel LÜBECKER MARZIPAN oder HARZER ROLLER

Nur wenige Menschen außerhalb fachjuristischer Kreise wissen, dass es nicht in jedem Fall einer Markenanmeldung bedarf, um für ein Kennzeichen Markenschutz zu erlagen. Neben der Eintragung als Registermarke (andernorts auch „Eintragungsmarke" genannt) kann ein Kennzeichen **einfach durch seine Benutzung** Schutz erlangen, und zwar:

- durch den Erwerb von Verkehrsgeltung (Verkehrsgeltung = Bekanntheit in den relevanten Geschäftsverkehrskreisen/Branchen)

oder

- durch den Erwerb so genannter notorischer Bekanntheit (so gilt z. B. der Name LINUX in Deutschland als „Notorietätsmarke", das heißt ohne Ermächtigung des (ausländischen) Inhabers dürfen Dritte den Markennamen nicht für sich im Inland anmelden).

Dennoch empfiehlt sich in jedem Fall eine Anmeldung als Registermarke, vor allem aus zwei wichtigen Gründen:

1. Im Konfliktfall muss die Verkehrgeltung erst aufwendig durch entsprechende Untersuchungen nachgewiesen werden ebenso wie der Zeitpunkt der Bekanntheit, während bei einem gleichen Konflikt mit einer Registermarke die Vorlage der Markenurkunde als Nachweis ausreicht.

2. Eine eingetragene Marke kann auch unabhängig vom Unternehmen veräußert werden. (Wenn es hingegen zum Beispiel um einen – nicht als Marke registrierten Firmennamen geht, kann dieser nur zusammen mit der Firma verkauft werden.)

Wer zuerst kommt, mahlt zuerst

Register-, Benutzungs- und Notorietätsmarke sind ansonsten gesetzlich gleichberechtigt. Die „Stärke" an einem Zeichen richtet sich nicht nach der Art der Entstehung, sondern nach dem Zeitrang: Die ältere Marke hat die älteren Rechte.

Der Markeninhaber hat einen Unterlassungsanspruch gegen die kennzeichenmäßige Benutzung der Marke im jeweiligen Schutzbereich. Die gleiche (oder eine ähnliche) Kennzeichnung darf nicht kommerziell als Unterscheidungszeichen für gleiche oder ähnliche Waren oder Dienstleistungen genutzt werden.

Eine private, wissenschaftliche oder die Ware oder Dienstleistung lediglich beschreibende Nutzung (zum Beispiel Nennung in einem Nachschlagwerk oder einem Presseartikel) ist in der Regel gestattet.

Bei einer Markenverletzung muss immer der Inhaber der verletzten Marke tätig werden. Von alleine schreitet keine Instanz ein. Der Markeninhaber kann von dem Verletzer Folgendes verlangen:

- Unterlassung,
- Auskunft über den Umfang der Benutzung,
- Auskunft über Lieferanten und Kunden,
- Schadenersatz,
- u. U. Vernichtung der widerrechtlich mit der Marke versehenen Waren.

Der Schadenersatz kann auf drei verschiedene Weisen berechnet werden: als Zahlung einer Lizenzgebühr, als Herausgabe des Verletzergewinns oder als Ersatz für Mindereinahmen. Auf Antrag des Verletzten kann auch eine strafrechtliche Verfolgung eingeleitet werden. Das heißt ein Markenverletzer kann mit Geldstrafe oder sogar mit Gefängnis bestraft werden.

Wo meldet man eine Marke an?

Eine Marke kann man bei folgenden Institutionen anmelden:

- beim Deutschen Patent- und Markenamt (München)
  als nationale Marke mit dem Geltungsbereich Deutschland (entsprechend beim Österreichischen Patentamt www.patent.bmwa.gv.at für Österreich und beim Eidgenössischen Institut für geistiges Eigentum www.ige.ch für die Schweiz)

- beim Europäischen Harmonisierungsamt (Alicante, Spanien)
  als Gemeinschaftsmarke (auch EU-Marke genannt) mit einem Geltungsbereich, der alle Mitgliedstaaten der Europäischen Union umfasst.

- für andere Länder (außerhalb der EU):
  wenn diese Unterzeichner des Madrider Markenabkommens (oder dessen Zusatzprotokolls) sind (= derzeit über 182 Staaten aller Kontinente) über das IR-Markenregister der WIPO (Word Intellectual Property Organisation, Genf), was den Besitz einer nationalen Marke voraussetzt;

- wenn diese nicht dem Madrider Markenabkommen zugehörig sind (immer weniger wirtschaftlich relevante Staaten):
  direkt vor Ort in den ausgewählten Staaten, was zumeist die Einschaltung eines lokalen Rechtsanwalts notwendig macht.

Alle relevanten Anmeldeinformationen und -unterlagen sind in deutscher Sprache online verfügbar über:

www.dpma.de (Deutschland national)
www.wipo.org (WIPO-Register, Genf)
www.oami.eu.int/de/mark/default.htm (Harmonisierungsamt, Alicante)

Braucht man einen Rechts- oder Patentanwalt?

Zwar ist jedermann berechtigt, auch ohne anwaltliche Hilfe Marken anzumelden, es empfiehlt sich jedoch, einen erfahrenen Rechtsanwalt für Markenrecht oder einen Patentanwalt mit dieser Aufgabe zu betrauen. Denn juristische Laien machen bei Markenanmeldungen erfahrungsgemäß viele Fehler.

Dies kann zum einen dazu führen, dass ihre Markenanmeldungen vom Markenamt zurückgewiesen oder von anderen Markenrechtsinhabern angegriffen und zu Fall gebracht werden. Markenanwälte können dabei helfen, die Marke so anzumelden, dass diese Probleme nicht entstehen.

Noch häufiger kommt es jedoch vor, dass Marken zwar anstandslos eingetragen werden, sich aber Jahre später – wenn sie einmal gebraucht werden – als wertlos herausstellen. Waren und Dienstleistungen werden von Laien zum Beispiel oft für die falsche Klasse angemeldet. Wer OP-Kleidung und feuerfeste Schuhe herstellt, sollte seine Marke nicht – wie man annehmen könnte – in der Warenklasse 25 für „Kleidung und Schuhe“ eintragen lassen. Eine solche Markenanmeldung wäre vollkommen nutzlos. Richtigerweise müsste die Marke für die Klassen 10 (Chirurgische Instrumente und Apparate) und 9 (Feuerlöschgeräte) angemeldet werden. Wer dies nicht weiß, kommt auch nicht ohne Weiteres darauf.

Markenanwälte wissen auch, ob es im Einzelfall ratsamer ist, einen Markennamen als Wortmarke oder als Wort-/Bildmarke anzumelden. Oft ist es auch sinnvoll, eine Marke in verschiedene Einzelteile zu zerlegen und diese isoliert anzumelden. Ohne fundierte Erfahrung mit Markenrechtsprozessen kann man hier viel falsch machen.

Engagiert man für diese Aufgabe eher einen Rechts- oder einen Patentanwalt? Viele meinen, da es „Patent-“ und Markenamt heißt, sei man mit einer Markenanmeldung bei einem Patentanwalt besser aufgehoben. Das muss aber nicht der Fall sein. Patentanwälte sind in der Regel Physiker, Chemiker oder Ingenieure mit patentrechtlicher Zusatzausbildung. Sie haben manchmal wenig oder gar keine Erfahrung mit Markenverletzungsprozessen. Andererseits ist das Markenrecht auch für viele Rechtsanwälte ein selten praktiziertes Nebengebiet. Der Titel „Fachanwalt für Gewerblichen Rechtsschutz“, der Spezialisten für Markenrecht und unlauteren Wettbewerb auszeichnet, wird erst im Laufe des Jahres 2006 eingeführt und muss sich noch durchsetzen. Auch er kann also auf absehbare Zeit noch keine Orientierung bieten.

Wenn man zum ersten Mal mit dem Thema Markenanmeldung konfrontiert wird und auf keine verlässliche Empfehlung zurückgreifen kann, sollte man bei der Suche nach anwaltlicher Hilfe daher zwei Dinge tun:

1. Nach den markenrechtlichen Erfahrungen und konkreten Referenzen fragen (der Blick auf die Internetseiten der Kanzlei kann dabei weiterhelfen; steht dort aber nur allgemein „Markenrecht", sollte das weiter hinterfragt werden). Viele Kanzleien haben sich ausschließlich oder überwiegend auf „Markenrecht" bzw. „Gewerblichen Rechtsschutz" spezialisiert. Eine entsprechend langjährige Erfahrung in diesen Bereichen vorausgesetzt, sollte sie ein geeigneter Ansprechpartner sein.

2. Nach den Kosten fragen und bei der Entscheidung eine festen Preis für die Leistungen des Anwalts vorab schriftlich vereinbaren (vgl. nächstes Kapitel):
   Es gibt keine allgemeinverbindliche Gebührenordnung für Patentanwälte und das Rechtsanwaltsvergütungsgesetz (RVG) bietet Spielräume, die offen für konkrete Honorarvereinbarungen sind.

Kapitelfazit:

- **Marken bieten zeitlich unbegrenzte Monopole.**

Was kostet eine Marke?
Billige Namen und teure Marken

Dass eine Marke viele Mrd. wert sein kann – wie etwa Coca-Cola mit geschätzten 70 Mrd. US-Dollar – das ist allseits bekannt. Wie viel eine Marke letztendlich im Einzelfall wert ist und wie man das berechnet, dafür gibt es in etwa einhundert verschiedene Theorien, Formeln und noch mehr Spezialisten. Letztendlich hängt dies aber nur von zwei Dingen ab:

1. Wie viel und mit welchem Erfolg in die Marke kommunikativ investiert worden ist, und
2. wie viel jemand dafür zu zahlen bereit ist.

Da es hier aber nicht um das Generalthema Marke geht, sondern um die Frage, wie man einen Namen entwickelt, um daraus eine Marke entstehen zu lassen, soll dieses Kapitel kurz die Kosten beleuchten, die für Entwicklung, Recherche und Markenanmeldung zu veranschlagen sind. Grundsätzlich kann es sich jeder ansonsten wirtschaftlich gesunde Gewerbetreibende leisten, eine Marke zu entwickeln und zu sichern. Die in der Regel einmaligen Kosten ist verhältnismäßig gering, vergleicht man sie beispielsweise mit Mediaaufwendungen.

Mit welchen Kostenfaktoren ist bei der Entwicklung und Sicherung einer Wortmarke zu rechen?

- gegebenenfalls externe Kosten für Namensentwicklung (wenn man damit eine Agentur beauftragt),
- Kosten für die Recherche von Namensvorschlägen (fallen in jedem Fall an),
- eventuell Kosten für etwaige externe Tests und Prüfungen (Sprachprüfungen, Akzeptanztests etc.),
- Gebühren für Markenanmeldungen und Eintragungen,
- möglicherweise Anwaltsgebühren für die Unterstützung der Markenanmeldung,
- Übersetzungskosten für ausländische Registrierungen.

Diese Kosten sollen ohne Anspruch auf Verbindlichkeit an drei verschiedenen Modellrechnungen erläutert werden.

Fall 1: Projekt BÄCKERMEISTER MEIER

Bäckermeister Meier möchte eine Marke für seine äußerst populären Kürbisbrötchen etablieren. Da die Bäckerei nur lokal tätig ist und nicht direkt an der deutschen Grenze liegt, reicht dafür eine nationale Marke aus.

	externe Kosten EUR
Entwicklung	
Bäckermeister Meier setzt sich an mehreren Wochenenden mit Familie und Freunden zusammen und denkt sich viele mögliche Namen aus.	0,00
Vorrecherche	
Die circa 500 Vorschläge werden nacheinander zunächst über das Internet auf identische Zeichen geprüft: zuerst nach Domains, dann über Google und zuletzt über das Marken-Register des DPMA. Dabei fallen ganz viele Vorschläge heraus, weil andere zuvor bereits die gleichen Ideen hatten, aber 4 Vorschläge bleiben übrig.	0,00
Detailrecherche	
Um es ganz genau zu wissen und auch, um die Gefahr von Ähnlichkeitskonflikten möglichst zu minimieren, beauftragt Meister Meier ein Recherche-Unternehmen, das er im Internet entdeckt hat, mit der Ähnlichkeitsrecherche für Deutschland, die nicht nur Marken abdeckt, sondern auch Handelsregistereintragungen. Dafür bezahlt er pro Namen ca. 400,– EUR	1.600,00
Sprache und Kundenakzeptanz	
Die Recherche ergibt, dass es für 2 Namen keine relevanten Ähnlichkeiten gibt. Er macht in seinem Geschäft eine kleine Umfrage, welcher Name „besser schmeckt". Da bei ihm auch türkische und italienische Mitbürger einkaufen, fragt er diese auch, wie die Namen in den jeweiligen Muttersprachen wirken.	0,00
Markenanmeldung	
Der Name PUMKINO macht das Rennen. Nach ausführlicher Lektüre aller Unterlagen aus dem Internet beauftragt er einen Markenrechtsanwalt und lässt das Wort PUMKINO als Wortmarke in drei Klassen schützen (Klasse 30 für Brot, Klasse 25 für Textilien – weil er auch Schürzen mit dem Namensaufdruck	

den neuen Produktes vertreiben möchte – und Klasse 43 für die Bewirtung von Gästen). Dafür erhält er einige Wochen später eine Anwaltsrechnung über ca. 400,– EUR, eine Gebührenrechnung des Markenamtes von 300,– EUR und ca. 12 Wochen s päter die Markenurkunde	700,00

= Gesamtkosten:

Zusammen mit den Bewirtungskosten für Freunde und Familie bei den Kreationswochenenden	zirka	2.500,00

Vergleich: Das sind in etwa die gleichen Kosten, die für eine 1/8 Seite in seinem regionalen Anzeigenblättchen (jeweils ohne Gestaltungskosten) für ein einmaliges Inserat zu zahlen sind.

Fall 2: Projekt BRAUEREI MEIER

Brauerei Meier möchte ein neues Getränk bundesweit auf den Markt bringen. Es handelt sich um ein Biermixgetränk unter der Dachmarke MEIER. Es sind keine Übersee-Exporte geplant, zu beachten ist aber, dass das Getränk auch in den wichtigsten europäischen Urlaubsgebieten der Deutschen (zum Beispiel auf den Balearen) angeboten werden soll.

externe Kosten
EUR

Entwicklung/Recherche

Die Brauerei Meier beauftragt eine Full-Service-Naming-Agentur, die sowohl die Entwicklung des Namens als auch die Recherche und Basis-Akzeptanztest komplett übernimmt, so dass der Brauerei direkt nutzungsfähige Namen vorgeschlagen werden.

Die Agentur berechnet wie folgt:

Beratung und Kreation:	15.000,00	
Recherche inkl. Datenbankgebühren	2.400,00	
Sprachtests mit im Inland verbreiteten Fremdsprachen (u. a. Türkisch etc.)	500,00	
Focus-Group- und sonstige Marktforschungen und Praxistests	4.000,00	
Sonstige Kosten inkl. Spesen	500,00	
= komplett		22.400,00

Anmeldekosten

Europäische Gemeinschaftsmarke (EU-Marke) in 3 Klassen:
Amtsgebühr Anmeldung 750,00 (neuer Onlinetarif 2006)
Amtsgebühr Eintragung 850,00 (neuer Onlinetarif 2006)
Honorar Rechtsanwalt 1.000,00

= komplett Anmeldekosten 2.600,00

Gesamtkosten: (ohne Mehrwertsteuer und Designleistungen) ca. 25.000,00

Vergleich: Das sind in etwa die gleichen Kosten, die für eine 1/2 Seite in seinem nationalen Nachrichtenmagazin (jeweils ohne Gestaltungskosten) für ein einmaliges Inserat als Mediakosten zu bezahlen sind.

Fall 3: Projekt MEYER NEWCO INTERNATIONAL

Der internationale Mischkonzern Meyer AG, möchte die Sparte Düngemittel ausgliedern und unter einem neuen Markennamen an die Börse bringen. Das Unternehmen ist auf allen Kontinenten am Markt präsent. Es verkauft in insgesamt 68 Staaten und hat Produktionsstätten in 16 Ländern. Für das neue Unternehmen wird ein neuer Markenname gesucht.

externe Kosten
EUR

A. Entwicklung/Recherche

Nach einem Agenturscreening entscheidet sich die Meyer AG auch für die Beauftragung einer Full-Service-Naming-Agentur mit internationaler Erfahrung, die sowohl die Entwicklung des Namens als auch die Recherche und Basis-Akzeptanztest komplett übernimmt.

Die Agentur berechnet wie folgt:

Beratung und Kreation:	45.000,00	
Recherche inkl. Datenbankgebühren	25.000,00	
Sprachtests in 35 relevanten Sprachen	9.000,00	
Focus-Group- und sonstige Marktforschungen und Praxistests	10.000,00	
Sonstige Kosten inkl. Spesen	1.000,00	
= komplett:		90.000,00

Anmeldekosten

a) Deutschland (als nationale Ausgangsmarke für eine IR-Markenanmeldung) als Wortmarke in 13 Klassen; Amtsgebühren (ohne beschleunigtes Verfahren) 1.300,00

b) Europäische Gemeinschaftsmarke (EU-Marke) in 13 Klassen: Amtsgebühr Abmeldung 2.250,00
Amtsgebühr Eintragung 2.350,00

c) IR-Marke in 48 Staaten außerhalb der EU in 12 Klassen als Wortmarke:
SF 653,– pro Land und 3 Klassen + SF 73,– pro weitere Klasse/Land = SF 66.624,– zirka 44.124,00

d) Anwaltshonorare Markenanmeldungen zirka 50.000,00

e) Übersetzungskosten zirka 10.000,00

Duldungsvereinbarung mit dem Inhaber einer ähnlichen Marke (inkl. Anwaltshonorare) 250.000,00

= komplett Anmeldekosten/Absicherungskosten ca. 360.000,00

Gesamtkosten:
(ohne Mehrwertsteuer und Designleistungen) zirka 450.000,00

Vergleich: Das sind in etwa die gleichen Kosten, die für eine Minute Werbung in der ARD bei der Fußballweltmeisterschaft 2006 allein an Mediakosten aufgewendet werden müssen.

Diese Beispielrechungen zeigen, dass die Kosten für eine professionelle Namensentwicklung und den damit verbunden Überprüfungs- und Sicherungsmaßnahmen für alle Unternehmensgrößen machbar und im Vergleich zu anderen Marketingaufwendungen verhältnismäßig gering ist.

Im Rahmen der ansonsten bei einem neuen Namen anfallenden Kosten stellt das notwendige Budget für die Namensentwicklung meist die geringste aller Marketingpositionen dar. Beispielsweise im Falle der Umbenennung eines international aufgestellten Unternehmens (wie etwa bei der Fusion von CIBA und SANDOZ zu NOVARTIS) sind die Kommunikationsaufwendungen – angefangen bei der Beschriftung der Lieferwagen über den Austausch von Leuchtreklamen bis hin zum Briefpapier – allerdings um viele hundert Male teurer als die reinen Kosten der Namensentwicklung und Anmeldung. Eine derartige Neubenennung kann insgesamt sehr schnell einen zweistelligen Mio.-Eurobetrag verschlingen.

Kapitelfazit:

- **Jedes wirtschaftlich gesunde Unternehmen kann sich – unabhängig von seiner Größe – die Entwicklung einer Marke leisten.**

Wie überwache ich meine Marke? Ohne Markenüberwachung ist der Markenwert in Gefahr!

Zum Ende des Teils über Markennamen möchte dieses Buch versöhnen, und zwar zwei Berufsgruppen, die am selben Strang ziehen sollten, aber oft genug ihre eigenen Kriege auf unterschiedlichen Schauplätzen ausfechten. Gemeint sind die Marketingentscheider auf der einen und die Juristen auf der anderen Seite.

Selbst in den allergrößten, renommiertesten und internationalsten Werbeagenturen ist das Wissen um markenrechtliche Grundsätze oftmals erschreckend dürftig, während auf der anderen Seite die Markenrechtsabteilungen großer Konzerne häufig nur wenig Ahnung von grundsätzlichen Marketinganforderungen haben.

Daher sollten bei jedweder kommerziellen Namensentwicklung von vorne herein alle rechtlichen Aspekte geklärt und die beteiligten Juristen mit eingebunden werden. Markenrechtsexperten sowie ein gutes Rechercheteam gehören zum integrativen Bestandteil jedes professionellen Namensentwicklungsprozesses.

Zwar wird kein kluger Anwalt dieser Welt einem Marketingentscheider eine Garantie dafür geben, dass ein gewählter Name keine Probleme erzeugen wird. Das kann er wie auch jede andere verantwortungsvolle Person auch gar nicht machen; denn theoretisch kann die Firma Meier gegen die Firma Müller klagen, weil sie den Namen als ähnlich empfindet und meint, dadurch Nachteilen ausgesetzt zu sein. Die Chance, diese Klage durchzusetzen, wäre zwar äußerst gering, ein ähnliches Vorkommnis aber niemals auszuschließen.

Allerdings lassen sich die enormen Risiken, die durch ältere Rechte auftauchen können, durch eine sorgfältige und professionelle Recherche auf ein Minimum reduzieren.

Gerade kleine und mittelständische Unternehmen – ohne die Unterstützung von auf Markenrecht spezialisierten Juristen – meinen häufig, mit einer guten Recherche und der darauf folgenden Markenanmeldung wäre alles getan, was zur Sicherung einer Marke notwendig ist. Leider ist das ein Irrtum. Wer die Urkunde des Patent- und Markenamtes zur Registrierung einer Marke lediglich in die Schublade legt oder über den Schreibtisch hängt und ansonsten nichts unternimmt, der läuft Gefahr, dass das Recht an seiner Marke verwässert.

Das Markenrecht verhilft zwar zu Monopolen, aber es ist lediglich ein Ausschlussrecht. Das heißt jemand kann andere von der Benutzung seiner Marke ausschließen, allerdings muss er seine Rechte dabei selbst aktiv verteidigen. Das betrifft nicht nur die offensichtliche Markenpiraterie, also wenn jemand Drittes Markenzeichen fälscht, sondern auch und gerade das Etablieren ähnlicher Markennamen für ähnliche Waren oder Dienstleistungen.

Um dagegen vorgehen zu können, muss jeder Markeninhaber den Markt beobachten und vor allem neue Markenanmeldungen, aber auch Handelsregistereintragungen und das Internet kontinuierlich dahingehend überprüfen, ob dort identische oder ähnliche Kennzeichen auftauchen. Das ist keine besonders aufwendige oder teure Angelegenheit, die man am besten von Profis wie Namens- und Rechercheagenturen in Zusammenarbeit mit spezialisierten Rechtsanwälten durchführen lässt.

Würde zum Beispiel SuperRTL als Inhaber und Lizenzgeber der Marke TOGGO eine ebenfalls im Kindersegment aktive Marke MOGGO übersehen und nicht sofort dagegen vorgehen, könnte es passieren – wenn die andere Marke zu lange geduldet wird – dass ein Gericht MOGGO nicht verbietet. Das wiederum könnte einen Dammbruch auslösen und auch andere ähnlichen Marken wie etwa DOGGO oder TOKKO auf den Plan rufen.

Beachten Sie bitte den Konjunktiv des vorausgegangenen Absatzes. Juristische Entscheidungen lassen sich manchmal ebenso schwer voraussagen wie das Wetter. Für den konkreten Einzelfall gilt: Zu Risiken und Nebenwirkungen fragen Sie Ihren Rechtsanwalt oder Justiziar!

Kapitelfazit:

- **Wer seine Marken nicht überwacht, handelt grob fahrlässig.**

Der Claim – mehr als der Spruch zur Marke

Was ist ein Claim?

Sprüche klopfen fürs Marketing

Während der Name der Marke den Grundbaustein ihrer Identität bildet und damit unveränderlich ist, kann man mit Claims die Positionierung justieren. Für den Begriff „Claim" gibt es keine direkte, allgemein anerkannte deutsche Übersetzung.

Die Juristen sprechen zuweilen von „Werbeschlagworten" oder einfach von „Werbesprüchen", was die marketing-strategische Bedeutung nicht ganz trifft. Claim wird häufig als Synonym für „Slogan" benutzt, wenn es auch unter dem Gesichtspunkt der Herleitung und Nutzung des Begriffes leicht unterschiedliche Nuancen gibt. Die Bezeichnung Slogan leitet sich vom schottisch-gälischen sluagh-ghairm (ausgesprochen slogoam) ab, was soviel wie Kriegsgeschrei oder Schlachtruf bedeutet. Der Terminus Claim heißt wörtlich übersetzt Anspruch, Behauptung, aber auch Bekenntnis. Hierzulande ist der Begriff nicht zuletzt bekannt aus alten Westernfilmen, in denen Grundstücksansprüche geltend gemacht wurden, indem man „seinen Claim absteckte".

An dieser Stelle soll aber keine terminologische Haarspalterei betrieben werden; in der Regel spricht der Volksmund von **Werbeslogan** und der professionelle Werber von **Claim** – und beide meinen das Gleiche. In Ermangelung eines eingeführten deutschen Begriffes muss also der „Claim" dafür herhalten, auszudrücken, was eine Marke „beansprucht"; er ist somit das direkteste Mittel der Positionierung nach dem Markennamen.

Es gibt ganz unterschiedliche Arten von Claims. Zum einen unterscheidet man:

- den Dachmarken-Claim (oder Corporate Claim)
  für den langfristigen Einsatz (zum Beispiel Audi: **Vorsprung durch Technik**),
- den Produkt-Claim (oder Submarken Claim)
  für den mittelfristigen Einsatz (zum Beispiel Audi TT 2003: **Driven by Instinct**),

- den Kampagnen-Claim
  für den kurzfristigen Einsatz (zum Beispiel Audi-Print-Kampagne 2005: **Erster mit quattro**).

Zum anderen gibt es Sonderformen, wie:

- Einführungs-Claims
  (zum Beispiel Audi Q7 2006: Vom Erfinder des Quattro),
- politische und/oder non-comercial Claims (zum Beispiel **Du bist Deutschland**).

Claims sollten nicht verwechselt werden mit „Taglines", die entweder rein erklärend sind, oder die Zugehörigkeit (zum Beispiel zu einer Unternehmensgruppe) ausdrücken. Zwei Beispiele: „NBC. A GE Company" oder „Advocard. Ein Unternehmen der AMB Generali". Hier handelt es sich nicht um Claims, sondern um so genannte Taglines.

Claims funktionieren in vielen Bereichen ähnlich wie Markennamen. Insofern ähneln in vielen Fällen die Anforderungen, die an Claims zu stellen sind, denen von Markennamen. Claims gehen teilweise ganz enge Verbindungen mit Markennamen ein, denken wir nur an **HARIBO macht Kinder froh** oder **O_2 can do**.

Zuweilen wird aus dem Claim selbst eine Marke entwickelt, wie des der TV-Sender ProSieben erstmals in dieser Branche probiert: Aus dem Claim **We love to entertain you** wird die Marke **WE LOVE**.

Innerhalb der Positionierungsaufgaben von Claims gibt es eine große funktionelle Bandbreite. Diese reicht von rein erklärenden Funktionen (meist bei Einführungsclaims neuer Marken) wie zum Beispiel 1993: **VOX. Das Ereignisfernsehen** über auffordernde und animierende Aufgaben wie **BILD Dir Deine Meinung** oder **Bitte ein BIT** und Reason-Why-Funktionen wie: **Waschmaschinen leben länger mit Calgon** bis hin zur häufigsten Variante, dem Markenstatement. Dieses Statement kann einen direkten Markenbezug beinhalten (wie etwa: **Bigger. Better. Burger King**) oder scheinbar neutral sein, **wie Geiz ist geil** (Saturn).

Direkt oder indirekt, letztendlich positionieren Claims die Marke gegenüber ihrer Zielgruppe und grenzen sich gegenüber ihren Wettbewerbern ab. Ein wesentlicher Unterschied zum Markennamen, der an sich ja auch bereits positioniert, liegt darin, dass man Claims wechseln kann, ohne die Marke zu vernichten. Wechselt man die Claims allerdings zu häufig aus, kann man damit auch eine langsame Markenvernichtung betreiben.

Braucht man unbedingt Claims?

Die Antwort auf diese Frage von einem Autor, der Claims entwickelt, mag erstaunen: Sie lautet nämlich „nein". Man braucht nicht in jedem Fall einen Claim, um erfolgreich am Markt zu sein. Claims können sehr hilfreich sein, aber ein schlechter Claim ist immer schlechter als gar kein Claim.

Es gibt erfolgreiche Unternehmen, die auch viel werben, ohne einen Claim zu benutzen. Zu diesen Unternehmen zählt der Einzelhandelsdiscounter ALDI, der alle seine Anzeigen lediglich mit der Zeile überschreibt „ALDI informiert", was definitiv kein Claim darstellt.

Wie wirken Claims? Gute, schlechte und überflüssige Claims

Gute Claims zeichnen sich vor allem dadurch aus, etwas im Sinne der Marke zu bewirken. Das gelingt insbesondere dann, wenn Claims auf andere – marken-unabhängige (Lebens-)Situationen – übertragen werden können und die Marke dennoch davon positiv profitiert. **Wohnst du noch, oder lebst du schon?** (IKEA) gehört sicher ebenso dazu wie **nicht immer, aber immer öfter** (CLAUSTHALER) oder **quadratisch, praktisch, gut** (RITTER).

Die positive Wirkung erkennt man vor allem dann, wenn man diese Claims mit „nichtssagenden Claims" vergleicht. C&A warb zum Beispiel lange mit dem Spruch **Fashion for Living** und Hyundai mit **Mein Auto**. Das klingt beides nett, ist aber dermaßen austauschbar, dass niemand einen dieser Claims bewusst zitieren wird. Natürlich wird häufig von „Mein Auto" gesprochen, aber daraus einen exklusiven Bezug zu Hyundai herzustellen, ist ziemlich unmöglich. Beide Sprüche lassen sich der Kategorie „überflüssig" zuordnen.

Ein anderes Qualitätsmerkmal eines guten Claims ist Zeitlosigkeit und positive Penetranz. Hier spielen die Sprachmelodie, der Sprachrhythmus und gegebenenfalls auch der damit verbundene Reim eine wichtige Rolle. **HARIBO macht Kinder froh und Erwachsene ebenso** zählt zu diesen Klassikern. Und wie erfolgreich das Reimprinzip wirkt, sieht man u. a. daran, dass HARIBO auf der einen Seite zu den bekanntesten Marken zählt, auf der anderen Seite aber sich der in den HARIBO-Spots kräftigst umworbene Begriff „Goldbären" immer noch nicht vollständig durchsetzen konnte, spricht doch der Volksmund weiterhin gerne von „Gummibärchen", wenn die kleinen, bunten teddyhaften Süßigkeiten von HARIBO gemeint sind.

Ähnlich stark sind gereimte Claim-Klassiker wie **Willst Du viel, spül mit Pril** oder auch neuer **Do you yahoo?**

Allerdings macht ein Reim allein noch keinen guten Claim aus. Er kann schlimmstenfalls auch kontraproduktiv wirken. Als zum Beispiel das amerikanische Unternehmen Kimberley-Clark das erste feuchte Toilettenpapier von der Rolle mit Namen COTTONELLE FRESH ROLLWIPES auf den

Markt brachte, tat es dies mit dem Claim **SOMETIMES WETTER IS BETTER** (nasser ist manchmal besser). Dabei zeigte man Aufnahmen mit Leuten von hinten, die etwas ins Wasser platschen ließen. Der Amerikakenner weiß, dass die allermeisten amerikanischen WC-Becken voll Wasser sind, was auch schon mal unangenehme Situationen erzeugen kann. Insofern weckte der Claim keine positiven Gefühle, sondern eher unangenehme.

Ganz zu schweigen von den eher im regionalen Bereich anzutreffenden Dauerbrennern von **Futtern wie bei Muttern** und **Nur Döner macht schöner** usw. Da hier der für Markennamen und Claims gleichermaßen geltende Grundsatz der Unverwechselbarkeit durch inflationäre Nutzung gebrochen wird, sind derartige Claims ziemlich nutzlos. Schlimmer sind allerdings die „Reim-dich–oder-ich-schlag-dich-Ergüsse" á la **Zu Werner geh ich gerner** oder **Nix Malöhr mit Installateur**. (Diese und weitere Claim-Stilblüten findet man übrigens unter www.einzelhandelspoesie.de)

Wie kreiert und testet man gute Claims? Und warum IKEA nicht immer auf die Marktforschung hört

Der bereits erwähnte vielfach auch von der Fachpresse gelobte IKEA-Claim: **Wohnst Du noch oder lebst Du schon?** wurde von der Hamburger Agentur Weigertpirouzwolf entwickelt. Zusammen mit einer ganzen Reihe anderer Claims wurde dieser Vorschlag im Rahmen eine Online-Marktforschung zunächst auf Herz und Nieren getestet. Neben den Fragen nach Gefälligkeit und Sympathie gab es eine wesentliche Kernfrage, die da lautete: „Passt dieser Claim zu IKEA?". Die Ergebnisse waren niederschmetternd. Der besagte Claim schnitt in allen Punkten schlecht ab und bei der Frage nach der IKEA-Kompatibilität mit Abstand am schlechtesten.

Trotzdem wählten die IKEA-Entscheider gerade diesen Claim aus, mit der Begründung: Wenn wir einen Claim wählen, von dem man meint, er passe zur Marke, entwickelt sich diese nicht weiter. Schließlich will man neue Kundenschichten ansprechen. Das war eine sehr mutige, und wie der Erfolg der Marke IKEA in Deutschland zeigt, auch eine sehr weise Entscheidung.

Leider fehlt vielen Marketingentscheidern der Mut, gegen den Faktor „Gefallen oder Gefälligkeit" bei Markforschungsergebnissen zu entscheiden. Viele Werbetreibenden werden leicht „MaFo-Victims", also Opfer unpassender Marktforschungen. Denn Claims sind letztendlich Kreativentscheidungen, die man nicht zum Gegenstand von Favorisierungswertungen machen sollte. Sicherlich kann und soll man Claims prüfen, aber niemals nach dem Motto: Welcher Claim gefällt Ihnen denn am besten? Ergebnisse dieser Art von MaFo sind in der Regel „Weichspüler-Claims" á la **Ich freu mich drauf** (GALERIA KAUFHOF): nett, sympathisch, aber völlig austauschbar.

Wenn man auffallen will, dann darf man nicht immer gefallen. Dabei geht es beim Auffallen keineswegs immer um Provokation (wie bei **Geiz ist geil**) sondern darum, „unrunde" und unübliche Aussagen entstehen zu lassen. Ähnlich wie bei der Prägnanz von Namen eine Frau Leutheusser-Schnarrenberger eher auffällt als eine Frau Müller, fällt ein Satz, der eine vermeintliche Unlogik, einen grammatischen Fehler oder ein unerwartetes Element enthält, eher auf als eine (erwartete) Standardaussage: Also lieber **Normal ist das nicht** (Freenet-Claim) anstatt „Das ist nicht normal" und lieber **Aus Deutschlands feinem Saftladen** (Merziger) als etwas „Aus Deutschlands bester Obstpresserei".

Für die Kreation guter Claims gibt es verschiedene Strategien, aber keine Patentrezepte. Einige der wichtigsten Modelle sollen kurz mit ihren Vor- und Nachteilen beleuchtet werden.

Bekannte Sprüche in neuem Kleid

Das ist einer der ältesten, aber immer noch gern genutzten Claim-Kreations-Strategien. So wird aus „Ende gut – alles gut" bei C&A: **Preise gut – alles gut**, aus Goethes „Hier bin ich Mensch, hier darf ich's sein" (Faust) beim Drogeriemarkt DM: **Hier bin ich Mensch, hier kauf' ich ein.**

In derartigen „Umwidmungen" liegt eine große Gefahr. Denn wenn man einen dieser Sprüche hört, denkt man in erster Linie an den Originalspruch und nicht an die betreffende Marke. Die Wahrscheinlichkeit, dass Sie bei dem Claim **Nichts ist unmöglich** an Toyota denken, ist wesentlich höher als dass Sie bei **Preise gut –alles gut** an C&A denken.

Dass man auch eine Niedrigpreis-Positionierung in nachhaltigeren Claims ausdrücken kann, beweist zum Beispiel die Marke RATIOPHARM mit dem Claim: **Gute Preise. Gute Besserung**.

Wortspiele und -spielereien

Ein weiteres probates Mittel zur Claim-Kreation ist die Arbeit mit Wortspielen, zum Beispiel mit Ambiguitäten und der Abänderung erwarteter Wortfolgen. Das beginnt mit leichten Doppeldeutigkeiten, wie **Die könnte Ihrem Slip so passen!** (Alldays Slipeinlagen), geht über **Nichts bewegt Sie wie ein Citroën** bis zu **Alles Gute** (Kabel 1) oder **Kleb' Dir eine** (Tapeten). Wenn ein derartiges Wortspiel, wie diese Beispiele zeigen, intelligent, humorvoll und nicht zu kompliziert konstruiert wird, kann man damit eine gute Werbewirkung erreichen.

Sofern allerdings eine derartige Claim-Herleitung zur Verballhornung einlädt, kann das die Marke beschädigen. 2005 und 2006 warb die zur Metro-Gruppe gehörende Kaufhauskette Real offensiv mit dem Claim: **Besorg's Dir doch einfach!** Da dauerte es nicht lange, und der Spruch wurde auf Plakaten und Werbetafeln handschriftlich mit dem Wort „selbst" ergänzt.

Onomatopoetische Effekte

Lautmalerisch (onomatopoetisch) wirkende Claims sind selten – und selten gut. Ein Klassiker und ein herausragend positives Beispiel ist der Claim für BLACK & DECKER (Bohrmaschinen etc.), der den Klang einer arbeitenden Schlagbohrmaschine imitiert und lautet: **BlackundDeckerBlack undDeckerBlackundDecker**.

Alliterationen

Die Wiederholung von Anfangsbuchstaben und Anfangssilben kann die Prägnanz eines Claims stark erhöhen. Schon Anfang der siebziger Jahre tönte es fast täglich aus dem Fernsehgerät: **Mein Bac, Dein Bac – Bac ist für uns alle da!** (BAC Deodorant). Aber auch im neuen Jahrtausend prägen sich Claims wie **Chio-Chio-Chio-Chips** und **Cha-Cha-Cha-Charmin** (feuchtes Toilettenpapier) besonders gut ein, ähnlich wie **Bigger, Better. Burger King.**

Sing a Song

Ohne Noten lassen sich Intonationen nicht einfach darstellen. An den bekannten folgenden Beispielen lässt sich aber leicht nachvollziehen, dass Claims, die gesungen werden (können), besonders eingängig und allein dadurch wirkungsvoll sind.

Zu den bekanntesten Beispielen zählen in Deutschland: **Ich will so bleiben wie ich bin** (DU DARFST), **Nichts geht über Bärenmarke...** oder: **Schönes Haar ist Dir gegeben, lass es leben, mit GARD.** Mit der richtigen Musik funktionieren auch Claims eher dürftigen semantischen Inhalts, wie zum Beispiel **Außen TOPPITS, innen Geschmack**.

Direkte Aufforderungen

Früher waren sie ein Balanceakt zwischen dem oftmals als anbiedernd empfundenen „Du" und dem distanzierenden „Sie", die Claims mit direkten Aufforderungen an die jeweilige Zielgruppe. Heute dominieren ganz klar die „Du-Claims", wobei in manchen Fällen die Grenze zwischen Marke und Claim wie etwa bei **DU DARFST** gar nicht so einfach zu ziehen ist. Die Aufforderungen beziehen sich allerdings meist auf die angesprochene Person (zum Beispiel **CANON. You can.**) oder sonstige Fähigkeiten und Gefühlswelten, selten auf direkte Kaufaufforderungen, es sei denn, diese verstecke sich in anderen Formulierungen: zum Beispiel in **Ruf doch mal an** (Deutsche Telekom).

Neue Wort- und Grammatikschöpfungen

Ein weiteres Stilmittel zu Claimbildung ist die Veränderung bekannter Wörter und Grammatikstrukturen. Anfang der neunziger Jahre warb COCA-COLA für die Einführung der PET-Flasche einfach mit dem (neuen) Wort **unkaputtbar.** Derartige Werbung ruft regelmäßig Kritiker auf den Plan, die darin böse Vorzeichen für den Untergang der Deutschen Sprache sehen; ähnlich ergeht es Claims wie **Da werden Sie geholfen** (Telegate).

Die Neuschöpfung von Wörtern sollte allerdings keineswegs deshalb schlecht sein, weil sie von Werbetextern stammt. Sprache verändert sich und wenn sich die Werbung an dieser Veränderung beteiligt, ist per se nichts Negatives damit verbunden. Man kann **unkaputtbar** mögen oder nicht, der Begriff wird weiter genutzt und wenn man heute dieses Wort „googelt" erhält man auf Anhieb über 80.000 Treffer, von denen die meisten mit COCA-COLA nichts mehr zu tun haben.

Dennoch gibt es Anlass, sich Gedanken über die Sprache in der Werbung – und hier vor allen in Claims – zu machen, wie das nächste Kapitel zeigt.

Claims als Teil kultureller Identität
Wenn die Zielgruppe nur Bahnhof versteht

Gute Claims sind – neben Wortklang, Eingängigkeit und eventuellem Wortwitz – vor allem Claims, deren Botschaft auch verstanden wird. Gerade an diesem Punkt kann man mit Fremdsprachen sehr viel falsch machen, was besonders drastisch eine viel beachtete Studie der Agentur Endmark aus dem Jahr 2003 gezeigt hat.

„Komm herein und finde wieder hinaus"

Hintergrund für die Studie bildete die Tatsache, dass Auftraggeber für Claim-Entwicklungen häufig explizit die englische Sprache wünschten, auch in Fällen, in denen das nicht immer auf den ersten Blick sinnvoll erschien.

Deshalb sollten mögliche Einwände auf eine empirische Basis gestellt werden. Insgesamt wurden über 1.000 Probanden in vier verschiedenen Städten 12 englischsprachige Claims vorgelegt und vorgelesen, die zu dieser Zeit gerade besonders stark in Deutschland penetriert wurden.

Die 14- bis 49-jährigen Befragten wurden gebeten, den Inhalt dieser Claims in Deutsch wiederzugeben, und zwar so, wie sie diese verstanden oder glaubten zu verstehen. Das Ergebnis war für alle Beteiligten unerwartet frappierend, denn die weitaus meisten englischen Claims wurden von einer deutlichen Mehrheit der Befragten gar nicht oder völlig falsch verstanden. Im Detail ist dies der folgenden Tabelle zu entnehmen, die die Ergebnisse der Studie zusammenfasst:

Verständnis englischer Claims in Deutschland

Zusammenfassung der Ergebnisse einer Endmark-Studie von 2003

Richtig verstanden	Claim	Absender	intendierte Übersetzung des Absenders	Die skurrilsten Übersetzungen durch Befragte
59%	**Every time a good time**	McDonald's	Jedes Mal ein gutes Mal. (Jederzeit eine gute Zeit).	Jede Zeit ist eine gute Zeit. Jederzeit ist Gottes Zeit.
54%	**There's no better way to fly**	Lufthansa	Es gibt keine bessere Art zu fliegen.	Da ist keine bessere Route. Nur Fliegen ist schöner. Nichts ist besser als Fliegen.

54%	**Come in and find out**	Douglas	Komm herein und schau dich um. (Komm herein und entdecke.)	Komm herein und finde wieder heraus. Erst„in“sein–dann„out“sein.
33%	**Powered by emotion**	SAT.1	angetrieben von Emotionen/von Gefühlen gesteuert.	Kraft durch Freude. Strom bei Emotion.
31%	**We are drivers too**	Esso	Wir sind auch Autofahrer.	Wir sind zwei Fahrer. Wo fahren wir hin?
25%	**Stimulate your senses**	Loewe	Rege Deine Sinne an.	Die Sense stimulieren. Befriedige Dich selbst.
24%	**Share moments, share life**	Kodak	Teile Momente, teile das Leben (mit anderen).	Teure Momente, teuer Leben. Schare die Momente um Dein Leben.
22%	**Driven by instinct**	Audi TT	Angetrieben vom Instinkt.	Abdriften der Instinkte. Fahren, Kaufen mit Instinkt.
21%	**Where money lives**	Citibank	Wo das Geld lebt. (Wo das Geld etwas tut.)	Wo Manni lebt. Das Leben des Geldes.
18%	**Drive Alive**	Mitsubishi	Lebendiges Fahren.	Fahre lebend. Die Fahrt überleben.
15%	**Be inspired**	Siemens mobile	Lass Dich inspirieren.	Ich bin angeregt. Verzaubert sein. Bienen-Inspektion.
8%	**One Group. Multi Utilities.**	RWE	Eine Gruppe. Viele Versorgungsarten.	Viele Werkzeuge für eine Gruppe. Eine Gruppe. Viele Stämme. Ohne Gruppe – Multi-Kulti.

Der Claim einer großen deutschen Parfümerie-Kette lautete zu dieser Zeit **Come in and find out**, was etwa ein Drittel der Befragten mit „Komm herein – und finde wieder hinaus“ übersetzte. Zur Kategorie „überflüssige Claims“ zählt wohl der Esso-Spruch **We are drivers, too**, der im Jahr 2003 ziemlich zusammenhanglos u. a. an jeden Hörfunk-Werbespot von Esso angehängt wurde. Er wurde erstaunlicherweise auch nur von 31 Prozent der Befragten sprachlich verstanden. Schwerer zu verstehen war der Sinn: **„Wir sind auch Autofahrer! – So what?“**

Das größte Verständnisproblem erzeugte übrigens der Energieversorger RWE mit dem Claim: **One Group. Multi Utilities**, den gerade einmal acht Prozent der Befragten ungefähr sinngemäß interpretieren konnten. Gemeint war „Eine Gruppe. Viele Versorgungsarten“. Die übrigen Ergebnisse können der beigefügten Tabelle entnommen werden. Obwohl nicht alle Änderungen in einem ursächlichen Zusammenhang mit der Studie stehen, haben nach ihrer Veröffentlichung immerhin acht der zwölf betreffenden Unternehmen ihren Claim geändert, und zwar von Englisch auf Deutsch:

McDonald's wechselte von **Every time a good time** zu **Ich liebe es.** Bei Lufthansa heißt es nicht mehr nur **There's no better way to fly**, sondern auch **Alles für diesen Moment.** Bei Douglas findet man seit dem Sommer 2004 mehr als nur wieder raus, der Claim **Come in and find out** wurde zu **Douglas macht das Leben schöner.** SAT.1 ist nun nicht mehr **Powered by Emotion**, sondern **zeigt's allen.** Bei Esso besinnt man sich nach **We are drivers too** auf alte Werte: **Packen wir's an.** Der Audi TT ist jetzt nicht mehr **Driven by instinct**, sondern einfach **Pur und faszinierend.** Die Chancen, eine Fahrt in einem Auto von Mitsubishi zu überleben, stehen mit dem Nachfolger von **Drive Alive** besser: **Heute. Morgen. Übermorgen** lässt auf eine Zukunft hoffen. Beim Energieriesen RWE kommt nach **One Group. Multi Utilities** ab sofort **Alles aus einer Hand.**

Lediglich beim deutschen Unternehmen Siemens mobile blieb man auch mit einem neuen Claim der englischen Sprache treu: Statt **be inspired** hieß es dort nun **designed for life** – dafür heißt es aber jetzt nicht mehr Siemens mobile, sondern seit 2005 BenQ mobile.

Der durch diese Untersuchung ausgelöste Expertenstreit drehte sich vor allem um zwei Kernfragen:

1. Muss ein Claim überhaupt verstanden werden, um die gewünschte Wirkung zu erzielen?
2. Wie konnte es zu den krassen Nicht- und Missverständnissen überhaupt kommen?

Frage 1 kam u. a. dadurch auf, dass im Rahmen der Untersuchung diverse Claims vom Publikum durchaus positiv bewertet wurden, aber dennoch nicht übersetzt werden konnten. Das entspricht in etwa dem „Popmusik-Effekt“, das heißt man kann auch etwas gut finden, ohne es zu verstehen. Wobei einige Musikkritiker ja der Meinung sind, dass sich bestimmte englischsprachige Musiktitel in Deutschland schlechter verkaufen würden, wenn ihr Text von einer größeren Konsumentengruppe verstanden würde. Den Audi-TT-Claim **Driven by instinct** fanden zum Beispiel über 50 Prozent der Befragten gut, aber nur 22 Prozent konnten ihn richtig deuten.

Im Einzelfall mag die These „Hauptsache es klingt gut“ aufgehen, vergleichbar der These des Autors, dass die semantische Bedeutung von Markennamen weit weniger relevant ist als der Klang des Namens. Generalisieren darf man das aber nicht, denn den Spruch **Come in and find out** fanden auch mehr Befragte gut, als ihn korrekt übersetzen konnten.

Wenn man aber damit die Positionierung einer Marke verfälscht, in diesem Fall von einem „Unternehmen mit sehr großer Auswahl, in dem man sich selbst ausprobieren kann“ – in ein „Unternehmen mit übersichtlichen Orientierungshilfen und gut ausgeschilderten Ausgängen“ – dann wäre es in jedem Fall besser gewesen, gar keinen Claim zu benutzen.

Die Frage, warum überhaupt so viele nicht verstandene Claims publiziert wurden, lässt sich nicht ganz so einfach beantworten. Einzelne Nachforschungen haben ergeben, dass einige der untersuchten Claims durchaus vorher im Rahmen einer unabhängigen Marktforschung getestet worden sind. Allerdings wurde in diesen Fällen nicht nach dem Verständnis gefragt, sondern lediglich nach dem Gefallen. In diesem Zusammenhang gibt es Indizien dafür, dass Probanden dieser Marktforschung sich selbst nicht getraut haben zuzugeben, dass sie den jeweiligen Spruch nicht verstehen.

Ein weiterer Grund ist branchenimmanent. Die Marketing-Fachsprache ist nun einmal Englisch. Selbst in dem Unternehmen des Autors haben alle Berater und leitenden Kreativen mindestens ein Jahr im Ausland verbracht, entweder als Student oder junger Akademiker, und dies vornehmlich in den USA oder England. Erfahrungsgemäß ist es in den meisten großen Werbeagenturen und Marketingabteilungen großer Unternehmen ähnlich. Das verleitet leicht dazu, dass man aus dem eigenen – gut geschulten – Sprachgefühl heraus die Sprachkompetenz der jeweiligen Zielgruppen schlichtweg überschätzt.

Ein dritter Grund – auch für die Häufigkeit gerade englischsprachiger Namen, Claims und Werbung generell, mag in dem allgemeinen Globalisierungstrend liegen, frei nach dem Motto: **One world, one brand, one claim** (eine Welt, eine Marke, ein Spruch). Hin und wieder scheitern allerdings Markenartikler, die stur dieser Maxime folgen an einem Umstand, der sich auch treffend in einer anderen bekannten und oft zitierten englischen Marketingweisheit findet, die da lautet: „Every business is local“ (jedes Geschäft findet vor Ort statt).

Hier geht es keineswegs darum, irgendwelchen Deutschtümlern das Wort zu reden, und es gibt sowohl bei Markennamen als auch bei Claims und Gattungsbezeichnungen von Produkten sinnvolle Anglizismen. Ein „Mountainbike" verkauft sich nun einmal besser als ein „Bergfahrrad", besonders im Flachland.

Allerdings wird von vielen Marketingentscheidern oftmals gar nicht mehr geprüft, ob es deutsche Begriffe gibt, die vielleicht zu einer Markenbotschaft besser passen könnten. Weiterhin sollte die jeweilige Kernzielgruppe hinsichtlich ihrer Sprachkompetenz besser analysiert werden. Mit Blick auf die erwähnte Studie erscheint es wenig sinnvoll, einem Familienvater einen PKW mit dem Claim **Drive Alive** verkaufen zu wollen. Anders mag das aussehen, wenn man die internationalen Business-Class-Vielflieger ansprechen möchte oder im Umfeld internationaler Popmusik seine Zielgruppen sucht.

Manchmal wird aber eine Sprachentscheidung internationaler Markenartikler einfach aufgrund falscher Annahmen getroffen; ähnlich wie sich zum Beispiel in den neunziger Jahren der amerikanische TV-Sender NBC über so geringe Einschaltquoten in Deutschland wunderte. Dabei hatte dem Sender doch eine (amerikanische) Unternehmensberatung Studienergebnisse präsentiert, nach denen 70 Prozent aller Deutschen Englisch sprechen. Somit glaubte man, zumindest 70 Prozent der Bevölkerung als potenzielle Zielgruppe einstufen zu können. Dass es daneben noch über 30 frei empfangbare Sender gab, die ihr Programm in der Muttersprache der Zuschauer anboten und dass Witze über amerikanische Base- und Footballspieler in NBC-Talkshows hier nicht verstanden werden oder einfach nicht interessieren, das war dem TV-Anbieter nur schwer zu vermitteln.

Dies ist nur ein leicht nachvollziehbares Beispiel, das die nachfolgende Behauptung stützen soll, für die aus Gründen der Diskretion keine Marken- und Personennamen genannt werden können. Es gibt in der Marketingwelt Fälle, von denen zu befürchten ist, dass es keine Einzelfälle sind, in denen amerikanische Marketingentscheider – trotz weltweiter Präsenz ihres Unternehmens – sich gar nicht der Tatsache bewusst waren, dass in Deutschland mehrheitlich Deutsch gesprochen wird. Ein CEO (Chief Executive Officer), ein absoluter Topmanager also, äußerte sogar einmal halböffentlich die Überzeugung, alle Deutschen sprechen ausschließlich Englisch mit einem Akzent ähnlich wie die Sexberaterin Ruth Westheimer oder Sergeant Schultz, eine Figur aus der TV-Serie „Hogan´s Heroes".

Was die Geschichte lehrt

Zur Verdeutlichung der Wirkung englischer gegenüber deutschen Claims auf ein deutschsprachiges Publikum bedarf es eigentlich keiner großen Studien. Sofern Deutsch Ihre Muttersprache ist, fragen Sie sich einmal selbst – oder auch einfach Menschen in Ihrem Umfeld – welche Werbesprüche Ihnen aus der Vergangenheit spontan und ungestützt einfallen. Mit großer Wahrscheinlichkeit werden es mehrheitlich deutsche Claims sein – wie vielleicht:

- Nichts ist unmöglich – Toyota
- Otto – find ich gut
- Nicht immer, aber immer öfter (Clausthaler)
- Bitte ein Bit
- Mit Maggi macht das Essen Spaß
- Da weiß man, was man hat (Persil)

Die emotionale Bindung, die zu diesen und ähnlichen Sprüchen aufgebaut werden kann, ist in der Regel stärker als die zu englischen Claims, was sich auch in ihrer Merkfähigkeit widerspiegelt. Weiterhin lassen diese Claims sich auch eher auf andere Lebenssituationen übertragen und können auch in anderen Zusammenhängen zitiert werden.

Da weiß man, was man hat erinnert klar an Persil, wird aber auch schon mal im Zusammenhang ganz anderer Produkte und Leistungen in der privaten Kommunikation verwendet. Mit englischen Claims passiert das kaum, sie wirken auf deutsche Ohren austauschbarer als deutsche Claims.

Der Trend ist Englisch

Trotz der Tatsache, dass acht der zwölf in der Claimstudie untersuchten Marken danach wieder auf deutsche Claims umgestellt haben, existiert ein klar messbarer Trend – in Deutschland stärker als in allen anderen westlichen Ländern – zunehmend Deutsch gegen Englisch auszutauschen. Die Betreiber der Websites www.slogans.de haben sich die Mühe gemacht, rückblickend bis zu den fünfziger Jahren, pro Jahr und Jahrzehnt, die jeweils am häufigsten in der Werbung verwendeten einhundert Vokabeln zu ermitteln.

Demnach war bis einschließlich der achtziger Jahre kein einziges englisches Wort unter den einhundert häufigsten Werbevokabeln. In den Neunzigern waren es bereits 12 von 100 und im Jahr 2005 schon 21 Prozent. Der Reihenfolge nach sind folgende englische Vokabeln (eingedeutschte Anglizismen wie Design und Service nicht mitgerechnet) unter den Top-100-Werbewörtern: **you** (5.), **your** (14.), **life** (16.), **world** (22.), **we** (25.), **company** (40.), **business** (41.), **be** (47.), **better** (50.), **more** (52.), **solutions** (57.), **power** (58.), **made** (69.), **feel** (71.), **way** (77.), **people** (78.), **on** (84.), **time** (91.), **best** (97.), **art** (98.) und **will** (100.)

Dieser Ratgeber in Sachen Namen und Claims möchte keiner bestimmten Sprache das Wort reden. Der Verweis auf die Verständnisstudie sollte allerdings Anlass ein, ein zu schnelles Ausweichen auf die englische Sprache zu hinterfragen und das Verständnis der Claim-Botschaft in den Mittelpunkt zu stellen.

Die Claims, von denen man aus der Vergangenheit lernen kann, sprechen zumindest meist die Landessprache ihres Wirkungsterrains.

Was wir von Werbeklassikern lernen können
Aus gutem Grund klingt manches rund

Einer der bekanntesten deutschen Werbesprüche in der Zeit zwischen den beiden Weltkriegen lautete: **Aus gutem Grund ist JUNO rund.** Um diese Zigarettenwerbung inhaltlich zu verstehen, muss man wissen, dass vor 1945 die meisten Zigaretten 1. filterlos, 2. aus heimischen oder orientalischen Tabaken und 3. oval waren. JUNO war die erste stark beworbene Zigarette, die zum einen rund war und zum anderen amerikanischen Virginia-Tabak enthielt.

Das Geniale an diesem Spruch ist die Tatsache, dass man beim Nachsprechen dieses Claims die Lippen ähnlich rund formen muss, wie beim Ziehen an einer (runden) Zigarette.

Im Zeitalter der Nikotinbekämpfung und der Tabakwerbeverbote ist es wahrscheinlich eher schwer zu verstehen, dass Zigarettenwerbung überhaupt in der Lage war, Begehrlichkeiten zu wecken. Aber wenn ein Spruch ein direktes Verlangen zu erzeugen vermochte, dann war es der JUNO-Spruch.

Zwei weitere Erkenntnisse können wir aus dieser Ikone der Werbesprüche ziehen: Erstens ein Reim fördert die Prägnanz und Erinnerungsfähigkeit (vgl. Kapitel „Wie wirken Claims?“) und zweitens ein guter Werbespruch muss keinen logischen Sinn machen (denn warum JUNO nun rund ist, erklärt er eben nicht).

Wer anfängt, Claims nach ihren inhaltlichen Aussagen zu bewerten oder gar zu konstruieren, hat schon verloren. Die meisten guten Claims machen vom reinen Wortlaut her semantisch wenig Sinn, sind aber dennoch sinnvoll.

Ein weiteres klassisches Stilmittel ist das Wecken allgemeiner Begehrlichkeiten. Wenn wir bei Zigaretten bleiben, so stand die Marke PETER STUYVESANT bis in die siebziger Jahre des letzten Jahrhunderts hinein nicht etwa für Rauchgenuss und schon gar nicht für Tabakqualm, sondern für **Den Duft der großen weiten Welt.**

Das war allerdings zu einer Zeit, in der Fernreisen nur einer Minderheit zugänglich waren und würde heute, abgesehen von der Ächtung des Rauchens, so nicht mehr funktionieren. Das Prinzip aber, Wünsche und Begehrlichkeiten zu wecken, die nur in einem sehr indirekten Bezug zum Produkt stehen, die gibt es heute auch noch, wie man am Beispiel des **Bacardi-Feeling** sehen kann.

Die beste Lektion aus der Betrachtung erfolgreicher Claim-Klassiker lernt man, wenn man sich ihr jeweiliges Wettbewerbsumfeld anschaut. Wenn man zum Beispiel den Claim **Pack den Tiger in den Tank** von ESSO aus den sechziger Jahren betrachtet, wird einem die Absurdität der Aussage kaum noch bewusst, weil man sie gelernt hat und weil der Claim zur Kampagne passte, in der immer ein Tiger vorkam.

Dennoch war die Werbeaussage so anders als die aller anderen Mineralölfirmen, die mit Zusatzstoffen, Oktanzahlen oder Motorsport warben. Kein anderer wollte aber ein Tier in den Tank stecken und gerade das machte den Claim und damit die Marke so unverwechselbar.

Wie weit dürfen oder müssen Claims provozieren? Gibt es Niveaugrenzen für Claims?

Oftmals überschätzt wird der Faktor „Gefallen"; ob ein Claim gefällt oder nicht, ist weit weniger relevant als gemeinhin angenommen. Die Aussage **Geiz ist geil** von SATURN zum Beispiel muss man nicht mögen und auch die dahinter stehende Einstellung nicht teilen; dennoch kann man dem Claim eine letztendlich positive Wirkung bescheinigen. Er ist klar, deutlich und laut; er positioniert das Unternehmen eindeutig als preiswert und lässt sich auch auf andere Lebensbereiche übertragen. Ähnliches gilt für den konzerneigenen Wettbewerber MEDIA MARKT mit **Ich bin doch nicht blöd.** Beide Claims wurden innerhalb und außerhalb der Werbeszene sehr kontrovers diskutiert, sogar von der „Geiz-Ist-Geil-Generation" wurde zwischenzeitlich schon gesprochen. Da macht sich ein „Any-PR-is-good-PR-Effekt" bemerkbar, denn wenn ein Claim zum Gesprächsstoff wird, produziert er zumindest schon einmal zusätzliche Aufmerksamkeit. Aber genau wie „any PR" keineswegs immer „good" ist, kann ein wenig durchdachter Claim auch schnell „nach hinten" losgehen. Als zum Beispiel die Grünen bei der Bundestagswahl 2002 mit dem Claim **Grün wirkt** antraten, gab es recht bald eine Internetseite „gruen-wuergt.de".

Den bisherigen Niedrig-Niveau-Rekord für nationale Claims hält wahrscheinlich die britische Fluggesellschaft Ryanair mit dem Claim **Scheiß auf den Preis**. Dieser Claim kratzt deutlich an der Toleranzgrenze; denn wer „auf etwas sch…", der verachtet etwas und Verachtung und positive Markenbildung harmonieren nicht miteinander.

Die Tatasche, das dieser Claim wieder abgesetzt wurde, deutet darauf hin, dass es auch – unabhängig von Protesten – eine Art Selbstregulierung gibt. Wer sich sprachlich des untersten Niveaus bedient, darf sich nicht wundern, wenn dies Effekte auf die Art seiner Zielgruppe hat.

Eine Provokation durch einen Claim ist in der Regel gut, weil sie Aufmerksamkeit herstellt, allerdings ist es besser, durch ein „Anders-als-erwartet-sein" zu provozieren als durch Fäkalsprache.

Markennamen und Claims: Ein Fazit

Den einzig wahren Namen für eine Marke wird es nicht geben, ebenso wie es nicht den einzig möglichen Claim gibt. Starre Regeln allein können keinen Erfolgsanspruch liefern. Der bekannte amerikanische Werbeguru David Ogilvy (1911–1999) behauptete zum Beispiel, dass Markennamen, wenn sie in Amerika Erfolg haben wollen, nicht ausländisch klingen dürfen, und jeder Name auch unabhängig vom Produkt positive Assoziationen auslösen müsse, um erfolgreich zu sein. Als er das 1963 publizierte, ahnte er allerdings noch nicht den Erfolg der bereits mehrfach erwähnten HÄAGEN-DAZS–Eiscreme und der DIESEL-Jeans.

Die wichtigste Entscheidung im Marketing

Bekanntlich erhält man niemals eine zweite Chance für den ersten Eindruck. Und für den allerersten Eindruck einer Marke sorgt in der Regel ihr Name. Angesichts dieser Bedeutung wirkt es geradezu unverständlich, dass immer noch viele Markenverantwortliche dieses Thema unterschätzen. In vielen Marketingplänen wird der Namenssuche gar kein oder nur ein untergeordneter Stellenwert beigemessen. Namensfindung wird als besondere Herausforderung leider oft erst dann zur Kenntnis genommen, wenn dramatische juristische Probleme oder Marktmisserfolge entstanden sind.

Die Wahl eines Markennamens ist Chefsache!

Die Entscheidung für einen bestimmten Namen bleibt der Grundbaustein jeder Marke und jedweder Markenpolitik. Wenn dabei Fehler gemacht werden, kann das ähnliche Konsequenzen haben wie Fehler am Fundament eines Hauses für dessen Stabilität.

Bei guter Markenführung wird die Investition in eine Marke – beginnend bei ihrem Namen – unter Umständen zur wichtigsten Investition des Unternehmens. Der Wert einer Marke kann bei entsprechender Markenführung schnell zum größten Kapital eines Unternehmens werden, wertvoller als Produktionsstätten, Patente oder sonstiges Anlagevermögen.

Kreativität statt Dogmatismus

Dieses Buch will zusammen mit seinen grundsätzlichen Einblicken und praktischen Hilfestellungen zum Thema Namensfindung auch eine klare Absage an diejenigen Marken-Dogmatiker machen, die entweder bestimmte Formen – wie etwa eine maximale Buchstabenlänge – oder nur eine bestimmte Philosophie der Wortwahl dulden – wie etwa nur Kunstnamen oder nur generische Namen. Nicht zuletzt die Praxisbeispiele sollten zeigen, dass nicht ein bestimmter Namensstil oder eine bestimmte Wortlänge anderen überlegen ist, sondern dass die jeweiligen Rahmenbedingungen aus Wettbewerb und Zielsetzung darüber entscheiden sollten, welche Art von Namen den richtigen Grundbaustein für eine neue Marke liefern kann.

Für Namen und Claims gilt: Die richtige Portion Phantasie im richtigen Umfeld zur richtigen Zeit – mit den richtigen Sicherheitsüberprüfungen – darin liegt die Kunst der Namens- und Claimentwicklung. Sie haben an den dargelegten Beispielen zwar sehen können, dass es keine Patentrezepte für gute Namen gibt, aber durchaus erfolgreiche Fehlervermeidungsstrategien. Wer Formeln liebt, dem sei zum Abschluss eine für Namen und Claims gleichermaßen gültige Formel ans Herz gelegt. Es ist die AMA-Formel. Sie steht für

- anders,
- mutig und
- authentisch,

mit andern Worten für: **unverwechselbar**.

Wenn Sie sich selbst auf diesem Feld betätigen wollen, denken Sie bitte daran: Gute Marketing-Entscheider beachten alle Regeln, Marketing-Genies brechen auch welche!

Anhang

Die 130 besten Claims der letzten 30 Jahre in Deutschland mit Kurzkommentierung

Advocard	**Advocard ist Anwalts Liebling.** Funktionierte nur in Kenntnis der TV-Serie „Liebling Kreuzberg", in der es um einen Rechtsanwalt ging.
AEG	**Aus Erfahrung gut.** Klassiker
After Eight	**Die feine englische Art.** Klassiker
Afri-Cola	**Sexy ... mini ... super ... flower ... pop-op ... Cola ... alles ist in Afri Cola.** Klassiker der siebziger Jahre
Ajax	**Der weiße Wirbelwind.** Klassiker
Allianz	**Hoffentlich Allianz versichert.** Nicht wirklich gut – aber durch jahrzehntelange Penetration zum Klassiker mutiert
Almighurt	**Almighurt von Ehrmann, keiner macht mich mehr an.** Erfolgsprinzip Reim
AOK	**Die Gesundheitskasse.** Gut durch Begriffbesetzung und Umkehrung
Apollinaris	**Aus dieser Quelle trinkt die Welt.** **The Queen of Table Waters.** Zwei wahrlich positionierende Claims

Aral	**Alles super.** Wirkt durch die Ambiguität des Wortes „super“.
Ariel	**Ariel wäscht nicht nur sauber, sondern rein.** Semantisch unsinnig, aber daher einprägsam
Aronal und Elmex	**Morgens Aronal, abends Elmex:** Der Problem-Claim für extreme Spätaufsteher: noch Aronal – oder schon Elmex? Simpel und gut!
Asbach Uralt	**Im Asbach Uralt ist der Geist des Weines. Wenn einem so viel Gutes widerfährt, das ist schon einen Asbach Uralt wert.** Klassiker
Aurora	**Aurora mit dem Sonnenstern.** Wirkt nur gesungen.
Baden-Württemberg	**Wir können alles. Außer Hochdeutsch.** Einer der wenigen guten „staatlichen“ Claims
Badischer Wein	**Von der Sonne verwöhnt.** Simpel, plausibel, gut
Bärenmarke	**Nichts geht über Bärenmarke, Bärenmarke zum Kaffee.** Wirkt nur gesungen.
Bauknecht	**Bauknecht weiß, was Frauen wünschen.** Heute nicht mehr politisch korrekt – früher gut!
Berentzen Apfelkorn	**Knackiger Spaß im Glas.** Auch hier hilft der Reim.
BiFi	**BiFi muss mit!** Auffordernd und kurz

Bild	**Bild dir deine Meinung.** Wirkt durch die Ambiguität des Wortes „Bild(en)“.
Bitburger	**Bitte ein Bit.** Nennt eigentlich eine neue Marke: Bit, wirkt durch die Alliteration besonders einprägsam.
Black & Decker	**BlackundDeckerBlackundDeckerBlackund Decker** Einer der wenigen, funktionierenden onomatopoetischen Claims. Klassiker.
Blend-a-Med	**Damit Sie auch morgen noch kraftvoll zubeißen können.** Simpel, veraltet. Damals gut.
Bluna	**Sind wir nicht alle ein bisschen Bluna?** Zeigt, dass man auch mit einem relativ kleinen Mediabudget durch einen ungewöhnlichen Claim Bekanntheit erlangen kann.
Bommerlunder	**Der große Klare aus dem Norden.** Einfach und klar
Calgon	**Waschmaschinen leben länger mit Calgon.** Wirkt besonders in/durch die Gesangsform.
Camel	**Ich geh meilenweit für eine Camel Filter.** Klassiker (heute kaum mehr verständlich)
Campari	**Campari. Was sonst.** Oft kopiert, wirkt aber nur einmal.
Citroën	**Nichts bewegt Sie wie ein Citroën.** Wirkt durch die Ambiguität des Verbs „bewegen“.

Clausthaler	**Nicht immer, aber immer öfter.** Klassiker, weil gut auf andere Lebensbereiche übertragbar und doch originell
Dallmayr Prodomo	**Vollendet veredelter Spitzenkaffee.** Wirkt nur durch die angedeutete Alliteration von voll... und ver...
DEA	**Hier ist DEA, hier tanken Sie auf.** Wirkt richtig nur in gesungener Form.
Der Spiegel	**Spiegel-Leser wissen mehr.** Klassiker. Einfachste Behauptung, trotzdem glaubwürdig.
Deutsche Telekom	**Ruf doch mal an.** Einer der ganz wenigen guten Claims der deutschen Telekom.
Die Bahn	**Die Bahn kommt.** Gut, aber im Problemfall eine Einladung zur Verunglimpfung (wenn die Bahn nicht kommt).
DKV	**Ich vertrau' der DKV** Wirkt einzig und allein durch den Reim und ist bisher trotzdem des beste Claim der DKV.
Dr. Oetker	**Man nehme Dr. Oetker.** Alt und gut
Dresdner Bank	**Das grüne Band der Sympathie.** Der spätere Claim „Die Beraterbank“ ist präziser, aber der alte Claim ist deshalb so gut, weil er gerade nicht auf das Bankgeschäft eingeht.
Du darfst	**Ich will so bleiben, wie ich bin.** Klare Aussage. Klingt alltäglich, ist sie aber nicht.

Duplo	**Die wahrscheinlich längste Praline der Welt.** Guter, ungewöhnlicher Vergleich
eBay	**3... 2... 1... meins!** Einer der wenigen neuen Claims mit Kult-charakter
Ellen Betrix	**The care company.** Wegen vieler Kopien heute nicht mehr so gut wie zu Zeiten seiner Einführung
Esso	**Es gibt viel zu tun, packen wir's an!** **Pack den Tiger in den Tank.** Zwei Super-Claims, weil der erste so übertragbar ist und der zweite so ungewöhnlich in seiner Aussage. Alle nachfolgenden Claims von Esso sind bisher dagegen dramatisch abgefallen.
Fanta	**Fanta, Fanta ... weil's Spaß macht und schmeckt.** Guter Kinder-Claim
FAZ	**Dahinter steckt immer ein kluger Kopf.** Klassiker
Fernsehlotterie	**Mit 5 Mark (Euro) sind Sie dabei.** Mut zur Simplizität wird hier belohnt.
Ferrero Küsschen	**Guten Freunden gibt man ein Küsschen.** Grenzwertig, aber durch hohe Medienfrequenz sehr einprägsam und letztendlich auch übertragbar.
Fisherman's Friend	**Sind sie zu stark, bist Du zu schwach.** Mut zur Provokation zahlt sich hier aus.
Focus	**Fakten. Fakten. Fakten.** Simpel, simple, gut

Ford	**Die tun was.** Einer der wenigen guten Ford-Claims in Deutschland
Fruchtzwerge	**So wertvoll wie ein kleines Steak.** Inhaltlich sicher fragwürdig, durch den ungewöhnlichen Vergleich aber per se sehr aufmerksamkeitsstark.
Gelbe Seiten	**Machen das Leben leichter.** Auch hier fördert die Alliteration die Penetranz.
Gilette	**Für das Beste im Mann.** Fragwürdig in der Aussage, aber stark merkfähig
Hagebaumarkt	**Mach Dein Ding.** austauschbar, aber passend
Haribo	**Haribo macht Kinder froh und Erwachsene ebenso.** Der Klassiker schlechthin
HB	**Wer wird denn gleich in die Luft gehen? Greife lieber zu HB, dann geht alles wie von selbst.** Mutig in der Aussage und heute nicht mehr möglich, aber im Zusammenhang mit den damaligen Spots einsame Klasse.
Hilcona	**Für Besseresser.** Gutes Wortspiel
HypoVereinsbank	**Leben Sie. Wir kümmern uns um die Details.** Gute inhaltliche Aussage
Iglo-Rahmspinat	**Der mit dem Blub** Gut durch eigene Wortschöpfung. der „Blub“ wird immer in Verbindung mit IGLO stehen.

Ikea	**Wohnst Du noch oder lebst Du schon?** Claim mit Kultpotenzial
Jacobs-Krönung	**Mit dem Verwöhnaroma.** Wirkt nur mit massiver Medienpräsenz.
Jägermeister	**Ich trinke Jägermeister, weil … .** War ein Klassiker, weil dieser Ansatz (mit Allerwelts-Testimonials)zur Zeit seiner Einführung komplett anders als alle anderen war.
Jever	**Wie das Land, so das Jever, friesisch herb.** Schafft eine neue Begrifflichkeit und Eigenschaft: „friesisch herb".
Johnnie Walker	**Der Tag geht, Johnnie Walker kommt.** Super-Klassiker – allerdings stark bekämpft von den Anonymen Alkoholikern und ähnlichen Vereinigungen.
Juno	**Aus gutem Grund ist Juno rund.** Vorkriegs-Klassiker, psychologisch bedeutsam, weil beim Sprechen ähnliche Mundbewegungen wie beim Rauchen gemacht werden.
Kabel 1	**Alles Gute!** Schönes Wortspiel
Kitekat	**Ist die Katze gesund, freut sich der Mensch.** Claim á la Lebensweisheit
Klosterfrau Melissengeist	**Nie war er so wertvoll wie heute.** Dauerbrenner, übertragbar auf viele Lebenssituationen, dennoch sehr produktspezifisch
Knoppers	**Das Frühstückchen.** Schafft einen neuen Begriff und besetzt ihn.

Krombacher	**Einer Perle der Natur.** Simpel, wirkt aber gut im Zusammengang mit der komplett auf Natur abgestimmten Werbekampagne.
Kuemmerling	**Nette Menschen trinken Kuemmerling.** Einfache Behauptung, gute Wirkung
LBS	**Wir geben Ihrer Zukunft ein Zuhause.** Klassiker, Wirkung wird durch Werbemelodie verstärkt
LTU	**Reif für die Insel!** Einer der am häufigsten zitierten Claims, obwohl er schon lange nicht mehr von LTU benutzt wird.
Lucky Strike	**Lucky Strike. Sonst nichts.** Der Sprachrhythmus trägt entscheidend zur Qualität dieses inhaltlich einfachen Claims bei.
Mars	**Mars macht mobil, bei Arbeit, Sport und Spiel.** Alt, aber immer noch in vielen Köpfen, zeigt die Stärke penetranter Reime.
Media Markt	**Ich bin doch nicht blöd.** Provokation zahlt sich nicht immer, aber häufig aus.
Meggle-Kräuterbutter	**Ich bin ein Gourmeggle.** Das Spiel mit dem eigenen Markennamen kann leicht daneben gehen, hier sieht man einen der wenigen Fälle, wo es funktioniert.

Melitta	**Melitta macht Kaffee zum Genuss.** Hier ist es schwer zu entscheiden, ob es die Qualität oder nur die hohe Werbefrequenz ist, die die Einprägsamkeit dieses Claims erzeugt. Dies ist sicher kein Claim für ein Produkt mit geringem Mediaeinsatz.
Mercedes-Benz	**Ihr guter Stern auf allen Straßen.** Alt, aber häufig zitiert
Merci	**Merci, dass es Dich gibt! Danke heißt Merci.** Manchmal helfen einfachste Übersetzungen.
Merziger	**Merziger macht herziger.** **Aus Deutschlands feinem Saftladen.** Die Grenze zwischen Banalität und Genialität ist manchmal sehr schmal. Wenn der erste Claim blöd ist, dann ist er so blöd, dass er schon wieder gut ist.
Milka	**Die zarteste Versuchung, seit es Schokolade gibt.** Der Klassiker bringt auf gänzlich unschlüpfrige Art und Weise Schokolade in einen erotischen Kontext.
Mon Chéri	**Mon Chéri mit der Piemont-Kirsche.** Hier wird gleich eine zweite neue Marke kreiert, denn eigentlich gibt es keine spezifischen Piemont-Kirschen.
Mr. Proper	**Meister Proper putzt so sauber, dass man sich drin spiegeln kann.** Wirkt durch den gesungenen Claim.
Müller	**Alles Müller, oder was?** Gehört zur Kategorie der grenzwertigen Claims (siehe Banalität und Genialität), wirkt aber.

Musterhaus Küchen	**Wir richten Küchen mustergültig ein.** Nimmt Teile des Markennamens im Claim auf. Ist einer der bekanntesten und über viele Jahre unveränderten gesungenen Hörfunk-Claims.
Neckermann	**Neckermann macht's möglich.** Klassiker des Wirtschaftswunders
Nogger (Langnese)	**Nogger Dir einen.** Den Markennamen zum zu Verb machen, kann ein Erfolg werden.
Nokia	**Connecting people** Simpel, aber auf den Punkt gebracht
Otto	**Otto find' ich gut!** Funktioniert nur durch die Identität des Markenamens mit einem bekannten Vornamen.
Pedigree	**Von erfolgreichen Züchtern empfohlen** Penetrant einfach
Persil	**Da weiß man, was man hat.** Gehört zu den Top-Klassikern, obwohl er inhaltlich eigentlich nichts aussagt.
Peter Stuyvesant	**Der Duft der großen weiten Welt.** Heute schwer zu vermitteln für eine Zigarette, damals eine positionierungsrelevanter, äußerst bekannter und erfolgreicher Marken-Claim.
Praktiker	**Geht nicht, gibt's nicht.** Nicht originell und auch bestimmt nicht der Erstnutzer dieses Claims, durch den hohen Mediadruck aber erfolgreich.
Pril	**Willst Du viel, spül mit Pril.** Demonstriert erneut die Kraft des Reimes.

Pringels	**Heute schon geploppt?** Grenzwertig. Lebt von der phonetischen Nähe des sexuell konotierten Begriffes „poppen“ mit dem verwendeten „ploppen“.
R+V	**Wir öffnen Horizonte.** Eigentlich gibt es ja nur einen Horizont und der lässt sich zwar im übertragenen Sinne erweitern, aber nicht öffnen. Das macht aber die Einzigartigkeit des ansonsten vermeintlich banal erscheinenden Claims aus.
Rama (Magarine)	**Rama macht das Frühstück gut.** Wirkt gesungen besser als gelesen oder vorgetragen und ist trotz seiner Einfachheit um ein Vielfaches besser als der später für ein Sahne-Ersatzprodukt umgewandelte Udo-Jürgens-Refrain „Aber bitte mit Rama“.
Ratiopharm	**Gute Preise. Gute Besserung.** Mutig einfach und gut, weil glaubwürdig und sympathisch
Red Bull	**Red Bull verleiht Flügel.** Diese Behauptung glaubt wörtlich niemand, dennoch ist der Claim sehr gut, weil er figurativ die intendierte Produkteigenschaft „beflügeln“ konsequent umsetzt.
Renault	**Créateur d'automobiles.** Fällt allein schon deshalb auf, weil französischsprachige Claims in Deutschland sehr selten sind und weil der Claim dennoch auch von Menschen verstanden wird, die nicht die französische Sprache sprechen.
Rennie	**Rennie räumt den Magen auf.** Die Alliteration ist entscheidend.

Ritter Sport	**Quadratisch. Praktisch. Gut.** Super-Rhythmus. Klasse Claim, zumal er keine typische (und somit erwartete) Schokoladeneigenschaft anspricht.
Saturn	**Geiz ist geil!** Zwar inhaltlich sicher fragwürdig, aber so „laut“ und provokativ, dass er immer im Sinne der Marke wirkt.
Schwäbisch Hall	**Auf diese Steine können Sie bauen.** Klassiker, unter-„mauert“ das Ziegelstein-Logo
Schweppes	**Haben Sie heute schon geschweppt?** Hier wird wieder der Markenname zum Verb gemacht.
Seramis	**So sicher wie der grüne Daumen.** Sympathisch – einfach
Sierra Tequila	**Innen gut, außen mit Hut.** Witzig, wie die Produktverpackung (Flaschenzusatzdeckel als roter Plastik-Sombrero)
Smarties	**Viele, viele bunte Smarties.** Typischer Kinder-Claim, wirkt nur gesungen, bleibt aber bis in das Erwachsenenleben hängen.
Sony	**It's not a trick, it's a Sony** Bisher bester SONY-Claim
Spalt	**Schaltet den Schmerz ab. Schnell.** Passte optimal zu dem Werbespot der optisch und akustisch die Tablette als (Licht-)schalter darstellte.
Sparkasse	**Wenn's um Geld geht, Sparkasse!** Klassiker, wirkt sehr vertrauensbildend.

Spaten	**Lass Dir raten, trinke Spaten.** Uralter, aber immer noch aktueller Reim-Claim, der im Übrigen auch komplett als Wortmarke registriert worden ist.
Spee	**Die schlaue Art zu waschen.** Funktioniert nur im Zusammenhang mit der Werbefigur, einem „schlauen“ comicartigen Fuchs.
Toppits	**Außen Toppits, innen Geschmack.** Wirkt besonders in gesungener Form – ansonsten würde er eher als banal zu bezeichnen sein.
Toyota	**Nichts ist unmöglich.** Einer der deutschen Kult-Claims: Einfach, kurz, prägnant
Uhu	**Im Falle eines Falles klebt Uhu wirklich alles.** Uralt-Claim, dass er trotzdem noch von vielen älteren Menschen erinnert wird, zeigt seine Stärke, die durch den Reim entsteht.
Verpoorten	**Ei, Ei, Ei, Verpoorten.** Der einfachste Hinweis auf Eierlikör, funktioniert hervorragend, mit entsprechender Werbemelodie.
Visa	**Visa – Die Freiheit nehm' ich mir.** Wirkt gesungen besser als gelesen.
Volksbank	**Wir machen den Weg frei.** Starke Aussage, stark intoniert in den entsprechenden Werbespots. Inhaltlich betont problemlösend.

Volksfürsorge	**Keine Sorge, Volksfürsorge.** Ein Claim, der den Markennamen in optimaler Weise aufgreift, wobei in den Hintergrund tritt, dass dieser Namen eigentlich total veraltet ist.
Volkswagen (Käfer)	**Er läuft und läuft und läuft.** Uralt (aus den sechziger Jahren des vorigen Jahrhunderts) dennoch bisher von volkswagen-eigenen Claims noch nicht übertroffen.
Warsteiner	**Das einzig Wahre. Warsteiner.** Der Claim lebt von der zufälligen Ähnlichkeit eines sehr positiven Wertes mit dem Markennamen und zusätzlich von der daraus entwickelten Alliteration. Der Claim vereinigt somit eine phonetische mit einer inhaltlichen Wirkungskomponente. Klassiker.
West	**Test the West!** Manchmal ist der primitivste Reim der wirkungsvollste.
Whiskas	**Katzen würden Whiskas kaufen.** Super-Behauptung für Tierfutter. Einer der am längsten genutzten Claims in Deutschland.
Wienerwald	**Heute bleibt die Küche kalt, da geh'n wir in den Wienerwald!** Wäre heute nicht mehr durchsetzbar, damals auch nicht originell, aber passend zur (ebenfalls nicht originellen – sondern eher bodenständigen) Marke.
Yahoo	**Do you Yahoo!?** Auch im Englisch können Reime wirken, ebenso wie die Umwandlung des Markennamens zum Verb.

Zewa Wisch & Weg	**Mit einem Wisch ist alles weg.** Demonstriert anschaulich, wie einfach ein guter Claim sein kann, wirkt aber nur durch die Redundanz zum Markennamen „Wisch & Weg".

Glossar

Abkürzungen

Abkürzungen als (neue) Markennamen sind missverständlich, uncharmant und garantieren niemals eine Alleinstellung.

Ähnlichkeit

Identitäts- und Ähnlichkeitsrecherchen von Namensvorschlägen sind unverzichtbar, um Marken- und Namenskonflikte zu vermeiden (siehe auch „MeToo" und „Recherche").

Arzneimittel

Arzneimittel bedürfen (nicht nur aus rechtlichen Gründen) einer besonders intensiven Ähnlichkeitsprüfung, um u. U. lebensgefährliche Verwechslungen bei Verschreibung und Behandlung auszuschließen.

Bedeutung

Die semantische Bedeutung eines Markennamens wird meist überschätzt. Sofern sie keine negativen Anklänge impliziert, ist die wörtliche Bedeutung eines Markennamens ziemlich irrelevant.

Benennungsmarketing

Alle Maßnahmen, die zur Entwicklung und strategischen Anwendung von kommerziell oder öffentlich genutzten Bezeichnungen beitragen. Das Naming ist ein wichtiger Teil des Benennungsmarketings.

Bilder

Bilder sind wichtig – Namen sind aber stärker als Bilder.

Brand

Englische Bezeichnung für Marke im Marketing-Sinn und in Unterscheidung zur Marke im juristischen Sinn (= engl. trademark)

Branding

Englische Bezeichnung für den kompletten Prozess der Markenentwicklung bzw. des Markenaufbaus

Brand Stretching

Siehe Markenerweiterung

Claims

Claims (Werbesprüche/Slogans) unterliegen in vielen Aspekten den gleichen Anforderungen wie Markennamen. Sie werden auch häufig als Wortmarke geschützt. Claims in der Muttersprache der Hauptzielgruppe wirken emotionaler als fremdsprachliche Claims. Insbesondere die englische Sprachkompetenz deutscher Zielgruppen wird häufig überschätzt.

Corporate Brand

Firmen-Marke, ggf. auch Dachmarke in Unterscheidung zu einzelnen Produkt(reihen)marken; siehe Markensystem

Cuckoo brand

Eine Marke, die u. a. durch ihren Namen vorgibt, einer „anderen Familie“ , das heißt einem anderen Land, einer anderen Region oder anderen Branche zu entstammen, als es tatsächlich der Fall ist.

Dachmarke

siehe Markensystem

Eigennamen

Familiennamen eignen sich heute nur noch selten als Markennamen. Ihre Eignung ist nach den gleichen Gesichtpunkten zu prüfen wie die frei erfundener Namen.

Extensions

siehe Markenerweiterung

Handelsmarken

Die Namen von Handelsmarken unterliegen den gleichen Wahrnehmungs- und Wirkungsanforderungen wie die Namen von Herstellermarken.

Internet

Markennamen, für die das Internet relevant ist – und das sind fast alle – sollten möglichst unmissverständlich zu buchstabieren sein und ohne schwer zu erratende Zusätze als Internetadresse vorhanden sein.

Generische Bezeichnungen wie buecher, business oder mitfahrzentrale garantieren in den meisten Fällen weder juristisch noch unter Marketinggesichtspunkten eine Alleinstellung.

Klischee

Je mehr Klischee ein Markenname transportiert, desto weniger Authentizität besitzt er.

Kuckucksmarken

siehe Cuckoo brand

Markenanmeldung

Eine Markenanmeldung kann in Deutschland von jeder natürlichen oder juristischen Person vorgenommen werden. Sofern keine eigene Markenrechtsabteilung vorhanden ist, empfiehlt sich allerdings die Inanspruchnahme eines in Markenrechtsfragen erfahrenen Rechts- oder Patentanwaltes. Von Deutschland aus können nationale Marken in Deutschland, internationale Marken mit Erstreckung auf bestimmte Länder, die Unterzeichner des Madrider Markenabkommens sind, oder EU-Marken, die sich auf den gesamten EU-Raum beziehen, angemeldet werden. Darüber hinaus sind nationale Anmeldungen in anderen Ländern möglich.

Man unterscheidet Wortmarken und Bildmarken; möglich sind auch Hörmarken (zum Beispiel die Erkennungsmelodie der Telekom-Webung oder das Jingle von Wetten dass) sowie 3-dimensionale Marken (zum Beispiel die Underberg-Flasche) und Geruchsmarken (sehr selten).

Eine nationale Markenanmeldung als Wortmarke in 3 (von 45) Markenklassen kostet beim Deutschen Patent- und Markenamt 300,- Euro Gebühren (Normalverfahren ohne Anwaltshonorare). Formulare zu Anmeldung können im Internet unter www.dpma.de heruntergeladen werden.

Markenerweiterung

Markenerweiterungen, auch Markendehnung oder Brand Stretching genannt, sind nur dann sinnvoll, wenn sich die damit zu bezeichnenden Produkte oder Dienstleistungen im gleichen Positionierungsprofil wiederfinden lassen wie die Dachmarke.

Markenklassen

International gibt es derzeit 45 verschiedene Markenklassen für verschiedene Materialien, Produkte und Dienstleistungen. Die komplette Liste ist kostenlos über die Webseiten des Deutschen Patent- und Markenamtes unter www.dpma.de erhältlich.

Markenpiraterie

Als Markenpiraterie bezeichnet man die Fälle, in denen Markennamen und Markenzeichen gefälscht werden, um vorzugeben, die Ware käme von einem bestimmten Hersteller. Markenpiraterie ist strafbar und schädigt Markenartikler in hohem Maße.

Markensystem

Auch Markenarchitektur genannt. Bezeichnet das Zusammenspiel von Dach- und Submarken. Gute Systeme folgen klaren Regeln. Wenn die Dachmarke, oder signifikante Bestandteile daraus auch in einzelnen Produkt- bzw. Submarken auftauchen und ein Produkt Probleme erzeugt, dann können diese Probleme in Form von Imagetransfers auch negative Auswirkungen auf die Dachmarke haben (vgl. LipoBAY).

In der Markenterminologie gibt es zuweilen Überlappungen, zum Beispiel zwischen Dachmarke (Umbrella Brand) und Firmenmarke (Corporate Brand). Ein klassisches und trennscharfes Beispiel bildet NIVEA: Firmenmarke (Corporate Brand) = Beiersdorf, Dachmarke (Umbrella Brand) = Nivea, Submarke (Subbrand) = Nivea-Milk.

Markenüberwachung

Markenüberwachung bezeichnet die regelmäßige Beobachtung des Marktes, der relevanten Markenregister, der Medien und des Internets dahin gehend, ob identische oder ähnliche Marken dort auftauchen. Wenn das der Fall ist, empfiehlt es sich – in Absprache mit seinem Rechtsanwalt – dagegen vorzugehen. Markenüberwachungen werden von spezialisierten Dienstleistern und Anwälten angeboten. Wer seine Marke nicht überwacht, handelt grob fahrlässig!

Markenvernichtung

Der Wechsel des Markennamens vernichtet die bestehende Marke, damit sind alle kommunikativen Investitionen, die auf den vorherigen Namen „eingezahlt" worden sind, obsolet.

Markenwert

Die Zeitschrift Absatzwirtschaft listet in ihrer Sonderausgabe zum Marken-Award 2005 genau 41 verschiedene Tools und Verfahren zur finanziellen

Berechnung des Werts eine Marke auf (vgl. Absatzwirtschaft, Marken, Düsseldorf 03/2005, Seite 148 ff.). Generell bemisst sich der Markenwert aus den Faktoren Bekanntheit und Image, ist also immanent abhängig von Umfang, Dauer und Art der Kommunikation, die in eine Marke investiert worden ist.

MeToo

Ein MeToo-Name (= nachgeahmter Name) wirkt meistens zweitklassig und ist häufig markenrechtlich problematisch.

Merkfähigkeit

Wichtiges Indiz für die Prägnanz eines Namens. Lässt sich einfach ermitteln im Vergleich zu anderen Namen.

Monopolisierbarkeit

Bezeichnet die Eigenschaft eines Namens, als Wortmarke geschützt werden zu können, wodurch anderen die Nutzung dieses Namens untersagt werden kann und so für den Markeninhaber ein gesetzlich legitimiertes Monopol entsteht.

Um als Wortmarke geschützt werden zu können, muss ein Name bestimmte Voraussetzungen erfüllen, u. a. darf ein nicht (zu) beschreibend sein. Eine Monopolisierbarkeit ist vor allem dann zu empfehlen, wenn eine langfristige Marke mit einem hohen Kommunikationsaufwand etabliert werden soll.

Namefinding

Englisches Wort für Namensfindung; bezeichnet den gesamten Prozess der Namensentwicklung einschließlich der entsprechenden Recherchen und Tests – im Gegensatz zum „Naming", das sich eigentlich vornehmlich auf den Kreationsprozess beschränkt, aber teilweise in der Literatur auch gleichgesetzt wird mit Namefinding.

Ein professioneller Namefinding-Prozess dauert drei bis sechs Wochen. Er ist der erste Baustein des „Brandings".

Naming

siehe Namefinding

Programm-Marke

Dieser Begriff wurde früher häufiger als Synonym für „Dachmarke" verwendet (demnach wären ALLIANZ oder SIEMENS Programm-Marken).

In jüngster Zeit steht Programm-Marke eher für Markennamen, die eine Programm-Aussage enthalten, was häufiger bei Handelsmarken der Fall ist, wie zum Beispiel GUT & BILLIG (Marktkauf/AVA) oder TIP (real/Metro-Gruppe).

Recherche

Der Begriff der „Recherche“ bezieht sich im Zusammenhang mit professioneller Namensentwicklung auf die namensrechtliche Recherche, das heißt die Suche nach älteren identischen oder ähnlichen Namensrechten in Form von Registermarken (in nationalen und supranationalen Registern), aber auch von Firmennamen und ggf. Titelschutz sowie sonstigen Rechten.

Je nach gewünschtem Schutzumfang (Anzahl der Markenklassen) und der territorialen Erstreckung fallen bei einer sorgfältigen Ähnlichkeitsrecherche erfahrungsgemäß ca. 97 bis über 99 Prozent von völlig frei generierten Vorschlägen heraus, weil sie als konfliktgefährdet einzustufen sind.

Die Nutzung eines Namens ohne vorherige Recherche ist mehr als grob fahrlässig. Eine Markenanmeldung ersetzt im Übrigen keine Recherche. Das Patent- und Markenamt prüft zwar die Anmeldevoraussetzungen im Sinne des Markengesetzes, es prüft aber nicht mögliche Kollisionen mit älteren Marken.

Registered ®

Kennzeichnung von Marken mit dem Ziel, andere darauf hinzuweisen, dass die Marke geschützt ist. Dabei kann der Markeneigentümer das ® an einer gewünschten Stelle im Umfeld der Marke platzieren, zumal sich aus der Verwendung des Zeichens selbst keinerlei Rechte für den Markeneigentümer ergeben. Vgl. Trademark ™

Registermarke

Entstehung des Markenschutzes durch Eintragung einer Marke für ein oder mehrere der insgesamt 45 Markenklassen in das vom Deutschen Patent- und Markenamt (DPMA) geführte Markenregister

Reihenfolge

In manchen Fällen ist es sinnvoller, erst den Namen zu entwickeln und dann das konkrete Produkt. Dies trifft vor allem auf sehr marketing-intensive (Lifestyle-) Produkte zu und setzt natürlich eine gute und geprüfte Produktidee voraus.

Retromarke

Es gibt zwei Arten von Retromarken. Zum einen „re-animierte Marken", das heißt Marken, deren Produkte bereits vom Markt verschwunden waren (vollständig oder nur im Bewusstsein der Zielgruppen) und die unter Nutzung des zur aktiven Markenzeit etablierten Images neu auf den Markt gebracht werden (zum Beispiel auch von neuen Markeneigentümern). Zu den bekanntesten Retromarken zählen Anfang des neuen Jahrtausends in Deutschland: FRIGEO Brausepulver und AHOIJ BRAUSE, BUGATTI, CREME 21 und TRITOP.

Als Retromarke bezeichnet man aber auch neue Marken, die bewusst auf Stilelemente vergangener Epochen setzen, obwohl es diese Marken in der Zeit, auf die sie anspielen, gar nicht gab. Zu dieser Art von Retromarke zählt zum Beispiel QOWAZ, ein Cola-Weizen-Mischgetränk der Fürstenbergbrauerei, das in seinem gesamten Markenaufritt an die fünfziger Jahre des vorigen Jahrhunderts erinnert.

Sortimentsmarke

Für diesen Begriff werden zwei Definitionen gehandelt. Zum einen die, welche augenscheinlich von der semantischen Bedeutung herzuleiten ist: Eine Marke für ein bestimmtes Sortiment: zum Beispiel NIVEA für Hautpflege oder BONDUELL für Dosengemüse; zum anderen werden damit auch Handelsmarken für bestimmte Produktgruppen benannt (zum Beispiel ERLENHOF/REWE).

Sprache

Alle Namensvorschläge sollten unbedingt vor ihrer Einführung von jeweiligen Muttersprachlern in den Sprachen geprüft werden, die für den Markt relevant sind. Dabei sollten auch fremdsprachige Zielgruppen im Inland und auch Mundarten berücksichtigt werden.

Story zum Namen

Eine Story zum Namen ist „nice to have", aber nicht notwendig. Wenn sie vorhanden ist, sollte sie aber gut sein.

SUPER-Formel

Bezeichnet die wichtigsten Standardfragen zur Beurteilung eines Namensvorschlags und steht für: Simple, Unique, Protectable, Eloquent und Rememberable.

Technik im Namen

Technische Begriffe oder Bestandteile daraus als Teile eines Markenamens sind pauschal nicht zu empfehlen, da sie nur eine geringe Alleinstellung gewähren (man denke zum Beispiel an „Digi/Digital-Namen“) und ebenso schnell veralten können wie die damit verbundene Technik.

Trademark™

Juristische Bezeichnung, die primär in den USA verwendet wird. Dabei bezeichnet das Kürzel „TM“ eine registrierte Trademark, „SM“ eine registrierte Servicemark. Es handelt sich in beiden Fällen um einen sichtbaren Hinweis darauf, dass die Marke eingetragen ist. Es gibt ebenso wenig eine Verpflichtung zum Führen des Zeichens wie sich aus dem Zeichen an sich auch keine besonderen Rechte ableiten lassen. Eine EU-Marke wird international auch als „Community Trademark“ bezeichnet.

Trends

Es gibt per se keine Trendnamen. Auch bei der Namensgebung gilt: Trends zu setzen ist meist erfolgreicher als Trends zu folgen.

Umbenennung

Sehr sorgfältig zu überlegende Entscheidung. Siehe auch: Markenvernichtung

Zahlen

Zahlen bilden allein oder nur in Kombination mit Buchstaben einen schlechten Markennamenersatz.

Literaturliste

Aaker, David A.: Building Strong Brands, Simon & Schuster (Trade Division) New York etc. 1996

Adjouri, Nicjolas: Alles, was Sie über Marken wissen müssen, Gabler-Verlag, Wiesbaden 2004,

Althammer, Werner/Ströbele, Paul/Klaka, Rainer, Markengesetz Kommentar, Heymann, Taschenkommentare zum gewerblichen Rechtsschutz. 7. vollständig überarbeitete Auflage, Carl Heymans Verlag, Köln 2003

Bugdahl, Volker: Erfolgsfaktormarkenname. Wie Unternehmen gute Markennamen entwickeln, etablieren und schützen. Gabler-Verlag, Wiesbaden 2005

Cohausz, Helge B., Marken & Namen, Waren-und Dienstleistungsmarken, Geschäftsbezeichnungen, Firmennamen, Werktitel, Wila Verlag München, 1999

Esch, Franz-Rudolph: Strategie und Technik der Markenführung (3. Auflage, Oktober 2005) Verlag Vahlen, München 2005

Haig, Matt: Die 100 größten Marken-Flops, Redline Wirtschaft bei verlag moderne industrie, Frankfurt/M. 2003

Hars, Wolfgang „Nichts ist unmöglich - Lexikon der Werbesprüche", 500 bekannte deutsche Werbeslogans und ihre Geschichte (2. Auflage) Piper-Verlag München 2003

Kirchbaum, Jörg (Hrsg.) Deutsche Standards. Marken des Jahrhunderts, Edition Arcum Köln 2001

Meffert, Heribert/Burmann, Christoph/Koers, Martin (Hrsg.), Markenmanagement. Grundfragen der identitätsorientierten Markenführung, Gabler-Verlag Wiesbaden 2002

Ogilvy, David: Ogilvy on Advertising, Vintage Books/Random House New York (2nd ed.) 1985

Perry, Alycia/Wisnom, David III.: Before The Brand. Creating the unique DNA of an enduring brand identity, McGraw-Hill, New York etc. 2003

Ries, Al/Ries, Laura:Die Entstehung der Marken. Über die Naturgesetze der Innovation und das Überleben der Stärksten im Business, Redline Wirtschaft, Frankfurt/M. 2004

Ries, Al/Trout, Jack: Positioning. The Battle For Your Mind. New York 1982, (reissued 2001), McGraw-Hill, New York

–: Marketing Warfare, McGraw Hill, New York 1986

–: The 22 Immutable Laws of Marketing, McGraw Hill, New York 1993

Riesenbeck, Hajo/Perrey, Jesko: Mega-Macht Marke. Erfolg messen, machen, managen (McKinsey Perspektiven), Redline Wirtschaft bei Ueberreuter, Frankfurt/Wien 2004

Samland, Bernd M.: Namefinding für E-Brands. In: E-Branding-Strategien, Hans-Christian Riekhof (Hrsg.), Gabler-Verlag, Wiesbaden 2001 S. 132–142

–: Im Namen der Handelsmarke. Handelsmarken versus Markenartikel im Einzelhandel unter dem Aspekt der Wahl ihrer Markennamen. In: Retail Business in Deutschland, Hans-Christian Riekhof (Hrsg.), Gabler-Verlag, Wiesbaden 2004, S. 309-318

Martina Schneider, Aldi – Welche Marke steckt dahinter? Südwest-Verlag, München 2005

Trout, Jack: Der Geist und das Greenhorn. Die wundersame Verwandlung eines Erbsenzählers zum Marketing-Genie, Redline Wirtschaft bei verlag moderne industrie, München 2002

–: Große Marken in Gefahr, Redline Wirtschaft bei verlag moderne industrie, München 2001

Empfehlenswerte Internet-Links zum Thema

www.markenlexikon.com
www.namefinding.com
www.slogans.de

Informationen zum Autor

Der Autor, Bernd M. Samland, ist Geschäftsführer und Gründer der Endmark International Namefinding GmbH und beschäftigt sich seit Anfang der neunziger Jahre speziell mit der Entwicklung von Markennamen. Von ihm und seiner Agentur stammen hunderte bekannter Markennamen von Corporate Brands wie zum Beispiel TENOVIS oder ARVATO bis hin zu Kindermarken wie TOGGO oder TV-Titeln wie TAFF.

Nach dem Studium der Politik- und Medienwissenschaft an der Universität Trier und der University of Kansas, USA, begann Samlands berufliche Laufbahn Mitte der achtziger Jahre als Journalist und Producer bei RTL in Luxemburg. Danach wechselte er ins Marketing, war u. a. Geschäftsführer der Werbeagentur Dietz & Partner, Presse- und Marketingchef von RTL Radio, Geschäftsführer der Deutschlandfunk Marketing GmbH und Kommunikationsdirektor des TV-Senders VOX, dessen Name gleichzeitig seine erste große Namenskreation darstellte. Sie veranlasste ihn schließlich, sich ganz der Entwicklung von Markennamen und Claims und dem damit zusammenhängenden Beratungsgeschäft zu widmen.

Die wesentlichen Erkenntnisse aus eineinhalb Jahrzehnten der Markennamen-Entwicklung hat Samland in anschaulicher und unterhaltender Weise in diesem Buch zusammengefasst.

Weitere Veröffentlichungen des Autors zum Thema Namensfindung:

Samland, Bernd M.: Namefinding für E-Brands. In: E-Branding-Strategien, Riekhof, Hans-Christian (Hrsg.), Wiesbaden 2001 S. 132–142

Samland, Bernd M.: Im Namen der Handelsmarke. Handelsmarken versus Markenartikel im Einzelhandel unter dem Aspekt der Wahl ihrer Markennamen. In: Retail Business in Deutschland, Riekhof, Hans-Christian (Hrsg.), Wiesbaden 2004, S. 309–318

Anregungen und Kommentare gerne an: bernd.samland@endmark.de